JN074445

東京都知事列伝

青山佾

はじめに

私たちは学校教育で、民主主義の根幹をなす三権分立を学ぶ。国の場合は議院内閣制すなわち議会の多数派が内閣を構成する形で行政と政治の致命的対立を避けているが、自治体の場合は二元代表制すなわち知事や区市町村長など首長と議会のそれぞれが直接、市民から選ばれる形をとって行政と政治の緊張関係を求めている。

国の場合は外交や軍事など他国との関係があるから意思決定の迅速な統一が必要である面があるのに対し、自治体の場合はそういう事情はないので三権分立の原則を徹底させたとも考えられる。

知事や区市町村長は選挙で選ばれる政治家であるが、同時に執行機関の長と位置づけられていて、行政の長としての役割が求められる。政策を決定する過程では政治家としての側面が色濃く出るが、議会の議決を得て執行する段階では、条例や予算に忠実に、私見を入れずに公平に事務を執行する立場となる。この点を混同すると自治体の政治や行政が混乱するばかりか、汚職等の事件に発展することもある。

自治体の長として公務執行のため出かけるときは公用車を使うが、選挙応援のため出かけるときは政治資金で賄っている私用の車を使う、などという立場の使い分けは常識だが、大切なことは、知事や区市町村長自身が、政治家としての立場と執行機関の長としての立場を画然と整理し区別することである。

行政、すなわち自治体の執行機関の職員の側にも、政治家としての首長の考えや発言、行動と、執行機関の長としての発言や行動とを峻別する姿勢が求められる。執行機関の職員が選挙で選ばれた政治家の政治姿勢を尊重し尊敬するのは当然だが、首長がその政治信条や政治的利害から誤った判断や行動をするときには、それに対して執行機関の責任として毅然とした態度で対応するのが公務員としての義務である。

首長は4年ごとに市民の審判があるから、どうしても政治家としての意識が強くなる。これに対して執行機関の職員は一度試験に受かって採用されてまじめに勤務していれば定年まで身分が安定している。だから、一般に、政治家は目前の利害を考え、公務員は中長期的な視点で政策を考える傾向がある。こういう言い方は政治家に失礼かもしれないが、しかし公務員の側から見ると、そういう印象が強い。だから、目前の人気とりではなく中長期的な政策議論に熱心な政治家を公務員は尊敬し忠誠を尽くす。

近年の国政では森友学園や加計学園の問題をめぐって忖度という言葉が流行になっているが、基本的な問題としては、政治と行政が立場の違いをわきまえて国民の利益のために適切な緊張関係と距離感を保っているかどうかという問題も、ここには存在する。

東京都の市場移転問題やオリンピック・パラリンピックの経費をめぐる問題など、最近の都政の話題をめぐっては、個々の問題もさることながら、政治と行政の関係という視点から光を当てて物事を考えることも大切である。

私は1967年に都庁の職員となり、2003年に副知事の任期が終了して退職したがその後も各種審議会委員などとして都政に関わってきた。インサイダーの立場として、あるいはそういう気持ちで50年以上を経たいま、改めて、都政の現場において行政が歴代知事とどういう関係を築いてきたのか、あるいは壊してきたのか、振り返ってみることが必要だと思ってこの本を書いた。

本書は、歴代都知事と行政との関係を主軸に据えた都政論である。自治体でも常に政変すなわち首長の交代は避けられない。自治体の職員は、生涯に何人もの首長に仕える運命をもっている。職員が首長に盲従すると正しい政策決定、中長期的な視点からの政策決定が行われなくなり、その都市や自治体、そして市民にとって不幸な結果となる。自治体職員が公務員としていい仕事をするためには政治家であると同時に執行機関の長である首長といかに向き合うかが大切である。市民もその立場の相違をよく理解して力のバランスを適切に保つ意識をもつ必要がある。そういう気持ちで本書を上梓した。

小池都政誕生以来、多くのメディアが市場移転問題、オリンピック・パラリンピックの施設や経費分担をめぐる問題そして都議選等を報道してきた。これにより都民・国民の都政に対する興味・関心と理解は相当に高まった。これだけでも小池都知事の都政に対する功績は大きい。

しかし一方、近年目立つのは、都庁職員からの発信の減少である。都庁職員から率直な発言がないと、せっかく都民やメディアの関心が高まっても誤った事実を基に議論がなされてしまう。

都政の主役である都民が正しい政治選択をするためには都庁職員が臆せず都民に対して情報提供をしていったほうがいい。そういう考え方に基づいてこの本を書いた。

東京都知事列伝　目次

装幀・本文デザイン　出口城

序章

都知事の条件

都知事選挙と歴代都知事の特徴

美濃部都知事が初当選したのが1967年のことである。それ以降50年間の各知事の特徴を整理すると次のようになる。

私が知っているこの半世紀の都政では、1期目の都知事はたいてい輝いていた。

美濃部都政は市民参加の都政を推進し、清掃工場建設問題の解決や消費者行政のスタートに尽力したが3期目には財政難から自ら惨憺たる幕引きと呼ばざるを得なかった。

鈴木都政も1期目は財政再建を果たし大江戸線建設を決定し世界大都市会議など都市外交を推進したが4期目には実現困難な宇宙博物館等いくつもの施設建設を約束したまま退任した。

石原都政も1期目はディーゼル排ガス規制、羽田空港国際化、山手トンネルの重要部分建設決定、銀行外形標準課税、三宅島噴火対策など現代に貢献するビッグプロジェクトを手掛けたがその後はこれらに匹敵する実績を残さなかった。

都議会との関係がとてもよかったという知事は、いない。鈴木知事でさえ、都庁の新宿移

美濃部知事以降の各知事の特徴

	選挙時の主な政党基盤	出身	議会との関係	職員との関係	政策の特徴	政府に対する姿勢
美濃部亮吉	社会党・共産党（後に公明党も）	学者	× 議会制民主主義と馴染まなかった	× 心が通わなかった	物価・福祉・公害	反政府
鈴木俊一	自民党・公明党・民社党(4選目は自民党・公明党と対立)	官僚	△ 都庁舎移転等で対立した	○ 進言には耳を傾けた	財政再建・臨海副都心・都庁舎新宿移転・大江戸線・都市外交	中立
青島幸男	なし	作家	△ 都市博中止で対立した	○ コミュニケーションはよかった	都市博中止	反政府
石原慎太郎	なし	国会議員	△ 副知事人事等で対立した	○ 議論を好んだ	ディーゼル規制・東京マラソン・新銀行・羽田国際化・山手トンネル	反政府
猪瀬直樹	自民党・公明党・維新の会	作家	△ 互いに議論がなかった	× 君臨	—	親政府
舛添要一	自民党・公明党・新党改革	国会議員	△ 互いに議論がなかった	× 君臨	—	親政府
小池百合子	なし	国会議員	○ 2017年都議選で自らが率いる都民ファーストの会が第一党となり多数派を形成	共に心を通わせたい？	豊洲市場移転、オリンピック経費問題を追及	？

転をめぐって都議会とは大揉めに揉めた。悲願とした臨海副都心における都市博覧会の開催も、議会の了解が得られずに任期中には開催できず、結局、次の青島知事が開催中止を公約に掲げて当選し中止するに至った。

都議会との緊張関係は、二元代表制である以上、当然のことである。問題は、職員を掌握できるかどうかである。表に示したように、鈴木俊一、青島幸男、石原慎太郎の3人の都知事は職員との関係は、それなりに成立していた。だからこそ実施できた政策もあった。少なくとも1期目の石原知事は職員と議論をした。夜遅くまでいろいろ語り合った。

石原慎太郎知事が4選したと思ったら途中辞職、猪瀬直樹氏が後継指名されて当選したが5000万円受領問題で途中辞職、代わって舛添要一氏が当選したら公私混同等を批判されまたまた途中辞職となった。近年、都民は都知事選びに失敗を重ねてきた。なぜだろうか。都知事選挙を人気投票みたいに扱っているためではないだろうか。都知事を選ぶときの着眼点について議論が必要ではないか。

都知事の条件

いまさら、「感じのいい人」とか「有名な人」とかいう選び方をする人はいないと思う。「福祉に理解がありそうな人」「経済や雇用に重点をおく人」などという選択基準はあるかもしれない。しかし、ちょっと待ってほしい。東京都知事は、まちづくりから環境、福祉や経済に至るまで広い分野に責任をもつ立場だ。特定の分野に強いというより、全体に目配りしてバランスをとることができる資質も必要だ。

1964年東京オリンピック開催のため、東京都は首都高や環七をつくり道路を拡張した。占領下で戦災復興計画を実行できなかった東京の都市計画としては必要なことだったが、都民はインフラ整備とはイメージの違う知事を欲し、1967年、革新系の美濃部亮吉氏が知事となった。

美濃部都政が3期12年続くと今度は、老人福祉手当や老人医療費無料化など「美濃部都政のバラマキ福祉」を批判して鈴木俊一氏が当選した。このあたり、都民のバランス感覚は生きていたと言ってよいかもしれない。「地味だ」と言われながらも官僚出身の鈴木都政は4

期16年続いた。

青島幸男氏は鈴木都政が企画した臨海副都心における都市博覧会の中止を訴え、ほとんどたった一つのこの政策で、しかも選挙運動をしないで当選した。青島知事が1期で引退すると石原慎太郎氏が「ノーといえる」と強いリーダーシップを標榜して当選し、4回の当選を重ねた。ここまでは、前知事のアンチテーゼで知事の座を射止めるというわかりやすい構図だった。

3期以上当選を重ねた美濃部、鈴木、石原の3氏の共通点は「政策の特徴」が鮮明であるということだ。これに対して途中辞職した猪瀬、舛添両氏は政策の特徴が鮮明ではない。もちろん両氏にそれぞれ、政策に対する強いこだわりがあったかとは思う。しかしそれが鮮明には現れていなかった。短命に終わったからでもあるが、美濃部、鈴木、石原3氏とも知事選挙のときから声高に叫んでいた公約に対する執着があった。

ひとことでいえば、その時代の「東京の問題」は何か、ということをきちんと主張する知事を選ぶことが大切である。

東京都は人口が1300万人を超え、年間予算は一般会計・特別会計・公営企業会計合わせて13兆円余、職員数は16万人余と一国並みの規模をもつ大規模自治体である。しかしだからといって都知事が直ちに強大な権限をほしいままに発揮できるわけではない。この点が一般に誤解されている。予算には義務的な経費が多いし、そもそも都議会で1か月以上の審議を経て可決されて初めて予算を執行できる。

職員は警察・消防・教員そして知事部局の職員もそれぞれ競争試験を経て採用され、管理職への昇任も原則として試験による。知事が連れて来ることができるのは特別秘書等に限られている。副知事でさえ、都議会の承認がないと任命できない。

政策の基本や都民の権利義務を定める条例も都議会の審議と議決を経て可決されないと執行できない。長期ビジョンや長期計画も、細部にわたって審議会や都議会でオープンに議論して策定するルールがある。

東京都は巨大だが都知事の権限は、憲法や地方自治法等によって、恣意的に執行できないよう民主的な制度が確立している。都知事に求められる能力は、都民、議会、職員の理解を得て福祉から都市、経済、防災、環境と広範な分野についてバランス感覚よく発揮されるリーダーシップである。

リーダーシップを発揮するためには人柄や政策力において人々の尊敬を集める努力が不可欠であり、数百万票を得たからといって強大な権力を手中にするわけではない。

知事は勝手なことはできないが、だからといっていないと困る。試験によって採用された職員たちにとっては、知事の政策や方針は民意である。職員が知事の命令に従うのは、知事が民主的に選ばれた、都民の代表だからである。職員は知事に進言はするが、基本方針を決めるのは知事である。知事が途中辞職した場合は選挙をしないで副知事が残任期をずっと代行する制度に変えればよいという意見があったが、それは民主主義に反する。

途中辞職があると一番困るのは、基本方針が変わると政策に手戻りが発生したりして、最終的な意思決定が遅れて都政が停滞するからである。オリンピック、福祉、都市計画、いずれにしても時間との競争の面がある。

短期で終わった猪瀬知事あるいは舛添知事の時代に、ある会議で都庁の管理職から「知事の問題で混乱があっても私たちは行政を停滞させません」という発言があった。基本方針が決まっている仕事は、実は停滞しない。しかし、都民が選んだ知事が決めないと前に進めない問題も多い。選挙費用のマイナスより、このことのほうが大きい。

金銭的な問題で知事が途中辞任する事態を避けるには、都民が候補者の人柄や政策を吟味するために十分な選挙運動期間を設ける制度に変えるのがよい。次回の知事選には間に合わないが、候補者の討論が何度も行われて次第に淘汰されていく仕組みが望ましい。

政治資金については、適正に使われていないのではないかという疑念が国民の間にある。2人続けて金銭に関わる問題で途中辞職があっただけに、知事には、清貧な人こそ望ましいということを都民は視野に入れるべきだ。タレント候補の人気投票的な選挙であってはならない。支出についての透明性を高める制度改正が必要だと思う。

都庁の仕事は、都民の生活・権利・義務や企業活動に致命的な影響を与えるものが多い。癒着やマンネリを避けるため、ジョブ・ローテーションの制度や仕組みが確立している。ジョブ・ローテーションには、縦割り行政の弊害を避ける効果もある。たとえば私の場合は、都市計画局の課長の経験が福祉局の部長を務めた時にとても役立った。デッドロックに乗り上げた施設建設プロジェクトを前に進めるための都市計画や建築の基礎知識があったからである。

一方、知事の在任が長くなってくると自らの加齢のためか幹部の人事異動を嫌う傾向がある。しかしこれが実は落とし穴である。都知事は一般に、耳触りのよいことを言う、忠誠心の篤い人を身近に長く置きたがる。このことによって知事に入る情報が偏り、判断が曇る。在任期間が長い知事に、２期目以降にさしたる実績がない場合が多いが、その原因のひとつはお気に入りの側近を重用しすぎるからではないか。

第一章

初代、第2、3代

安井誠一郎

Yasui Seiichiro
1891-1962

都知事在任

1947-1959年(3期)

写真=時事

終戦直後から1964年オリンピック招致まで都政を担う

安井誠一郎が都知事になったのは1947年5月、1959年まで3期12年間務めた。都道府県知事の公選を定めた日本国憲法と地方自治法の施行が昭和22年5月であり、安井は初代東京都知事である。なお安井は都知事になる前に1946年7月から官選の東京都長官を務めている。

安井が官選の東京都長官になったのは、当時、厚生事務次官として大村清一大臣に仕えていて、大村から強く推薦されたからである。それまで戦後、1年も経たない間に、東京都長官は3人も替わっていた。戦後の混乱期で東京都にはお金がなく、街も交通機関も大混乱、食料も住宅も不足、浮浪児が溢れていた時代である。占領下でGHQの支配下で暴動は起きないにしても治安はとても悪かった。

安井はそういう困難な状況で、官選の東京都長官を1年、公選の東京都知事を12年、計13年を東京都の責任者を務め、戦後の急速な復興をなし遂げ、1964年東京オリンピックの開催決定のころまで都政を担っていたのだから、大村の選択は卓見だったということになろう。

深刻な食糧難に農地の確保を計画

東京都長官として東京都政を担った安井の初仕事は、戦前に新潟県知事を務めた縁を頼って新潟県に米を買い出しに行くことだった。安井は靴を脱ぎ靴下のまま雪道に立って新潟県の農民に対して「君たちにとっては米をヤミに売ったほうが高く売れるかもしれないが、それでは東京の勤労者の手に入らない。配給米が命の綱なのだ」と演説し、米を譲り受けてもらった。

この一件は東京でも報道され、そのあとの東京都知事選挙には役立ったと思われる。東京都庁もこれに呼応して、磯村英一（のちに民生局長、東京都立大学教授）等がＧＨＱから粉ミルク等を獲得したりした。

第二次大戦が終わってすぐの8月27日に東京都の計画局は「帝都再建方策」を発表し、国家百年の計の第一として、「都内の住宅は敷地75坪に1戸あてを建設し、その周囲には、自給農園をつくる」ことを提唱している。

翌年3月に発表された東京都の「帝都復興計画概要案」は、土地利用計画の第一に、東京都区部の「外周部分に緑地地域を指定し農耕地の確保を図る。その面積は区の全面積の43％に当り食糧自給に資する」という方針を提起した。敗戦の焦土に立ってまずは東京に農地を確保しようと考えたのである。

当時は深刻な食糧難だったから自給を強調する計画となった。東京の食糧難は切迫していた。戦後、東京の繁華街に露店が急増したのも食糧難が深刻だったからである。

一方で占領軍司令部は日本民主化の柱として財閥解体と農地改革を実施した。農地改革は、戦前日本の人口の45％を占める農民の貧困を解決する必要があるからでもあった。農地改革により自作農は戦前の28％から70％に達するようになった。

こうして農地と農業の担い手の両面において東京の農業は確保されるのかと一時は思われたが、そのような希望を砕いたのが東京の人口の急増である。終戦時に３００万人余であった人口は、復員や疎開からの帰還によってあっという間に倍増し1950年には600万人を超え、1960年には900万人を超えた。食糧難より住宅難の解決が優先され農地は削減される結果になった。

住宅も学校も足りなかった

当時の東京では食料難と並んで衛生が大問題で、GHQは街頭で日本人と見ればDDTを頭からかけてノミや虱を退治する荒療治を実施していた。安井都政は従来は民生局に属していた衛生部門を独立させ衛生局とし保健衛生部門を充実させた。都立広尾病院が入院患者の家族の付き添いを廃止し完全給食制を導入したのもこのころのことである。

住宅数については、昭和26年の都営住宅・公社住宅合わせて約3万戸から昭和32年には約7万8千戸に増加している。新宿区の戸山には自然動物園をつくることが決まっていたが、住宅難で背に腹は代えられず、1千戸余の住宅をつくった。戸山ハイツと名付けたのは、

1949年　完成近い戸山ハイツ　　写真＝朝日新聞社／時事通信フォト

GHQから軍用住宅の資材提供を受けたからである。

1923年の関東大震災後の震災復興時代、安井は当時の東京市の社会局長兼保健局長だったので後藤新平とチャールズ・オースティン・ビーアドの仕事をよく知っているが、戦災復興の場合は占領下であり、まるで事情が違うと書き残している。

安井は、関東大震災の震災復興では尋常高等小学校（尋常小学校は6年制で義務教育、高等小学校は2年または3年で義務制ではなかった）が大正13年の4339学級から昭和8年に1万1608学級に増えたのに対し、戦災復興では小学校を昭和20年の7243学級から昭和28年には1万4028学級へ、中学校を昭和20年の862学級から昭和28年には4824学級へ増やしたことを誇っている（安井誠一郎『東京私記』昭和35年、都政人協会）。

戦災による瓦礫処理に苦慮

1947年ごろの東京都政の課題は、食糧難、住宅難、学校の教室不足、失業問題、伝染病、台風による水害などであった。これらすべての課題の背景にある共通の問題は、戦時空襲により発生した瓦礫処理だった。瓦礫は道路に積み上げられて交通を妨害し衛生的にも問題となった。昭和通りの真ん中に瓦礫が積み上げられ、道路の向こう側も見えなかったといわれる。

東京都発行『都政概要』の昭和28年度版によると、空襲による罹災者は約300万人（当時の都民の51％）、被災住宅は76万8000戸（当時の都内住宅数の56％）、被災した小学校教室数は1万1200教室（当時の小学校教室数の63％）、都電・都バスの被害は900両

（当時の車両数の30％）に達していた。

安井は後に「一口に80万立方坪といってもピンとこないだろうが、5トン積みのトラックで16万台に当たる量である」と書き残している（安井誠一郎『東京私記』都政人協会）。

東京都は終戦翌月の昭和20年9月に瓦礫処理にとりかかっており、21年度は区画整理事業の一部として国庫補助金を受けて焼け跡に埋め込むことを試みたが、22年度には 国庫補助金が削減されてその事業も困難となった。東京都に独自の財源もなかった。占領下で東京都に権限もない。占領軍司令部は瓦礫処理が進まないことにいらだってたびたび、迅速な処理を東京都に命令していた。

そこで、23年度は、三十間堀川、東堀留川、竜閑川、新川を、24年度には真田濠、浜町川、六間堀川、鍛冶橋下流外堀の埋め立てを実施し、都心の瓦礫を処理した。他の地域の瓦礫は、主に洲崎沖干拓地の埋め立てに使い、「瓦礫処理がほぼ終了するのは28年度末である。」（東京都『東京都政五十年史』通史）

江戸時代から続く運河の埋め立てや、埋め立て後に生じた土地の一部を民間に利用させて資金を得たことに批判はあるが、トラックが不足しダンプはなく、ガソリンも不足し木炭で動いていた時代である。大量のトラックを動員して遠方に運搬して処分することはできなかった。近くに埋めるほかなかったのである。

瓦礫で運河を埋める方法を安井に進言したのは石川栄耀である。都市計画の大家とされる石川は請われて昭和23年6月に東京都建設局長に就任した。石川の提案を聞いて安井は一石二鳥、いや、三鳥だと喜んだという。

安井都政については建設事業に偏り過ぎたという批判があるが、本人は「私の都知事としての前半は、占領政治下の行政であり、家もなければ食糧もない、着るものもない困難な時代である。まず手を染めたのは、なんといっても廃墟の復興だった」と述べている（日本経済新聞社『私の履歴書』）。

安井は第一次大戦後のドイツに自費留学していて、この時期のドイツが無条件降伏をして天文学的な賠償金を課せられながらも着実に一つ一つのことに取り組んで復興していく姿を現地で学び、これを東京都政でも実行しようと思ったと上記履歴書で語っている。派手なことはやらず、無理もせず、全体が向上するよう努め、局部的な重点政策はやらなかった、人によって政策に要求する優先順位は違うから総合的な施策をやったと述べている。

占領軍は首都の復興に冷たかった

昭和20年（１９４５）、戦争が終わったとき、東京はあたり一面、焼け野原だった。私は戦後、高円寺とか中野に住んでいて、青梅街道から、あるいは早稲田通り（当時は馬車道などと呼んでいた）から高架ではなく地上を走る中央線（省線と呼んでいた）の電車が走っているのが見えたほどだ。

当時の東京都は、この焼け野原に、都市の骨格を形成する都市内の幹線道路を機能的に配置する計画をつくった。東京都建設局が平成5年3月に発行した『東京都都市計画道路地図復刻集』によって昭和21年（１９４６）の「復興都市計画一覧図」を見ると、環一から環八までの環状道路ネットワークが見事に描かれている。

これら道路予定地の一部は、焼け跡となってから戦後長い間、空き地のまま放置されていた。私たちは子供のころ、この空き地で棒切れ野球をやって育った。砂利置き場になっていたところもあって、その砂利山を駆け登ったり駆け降りたりして遊ぶこともあった。あの広い道路予定地のうちかなりの部分は、結局使われなかったのだ。

空撮・空襲で廃墟のように焼け野原になった東京　写真＝毎日新聞社／時事通信フォト

なぜ戦後焼け野原の東京に道路がつくられなかったのか。それは、占領軍が都市計画に対して冷たかったからである。

占領軍最高司令官ダグラス・マッカーサーは占領初期、日本の国力を回復することよりも侵略能力を除去することに熱心だった。マッカーサー自身の回想記を読んでも、その他の伝記や評伝を渉猟しても、都市計画や復興計画に関する記述は見つからない。復興という文字さえ見つからない。マッカーサーの占領目的は、「日本の戦争遂行能力の除去」だった。占領目的は日本の復興ではない。

幣原喜重郎首相に対して示した占領政策の七原則は・婦人参政権・労働組合の組織化・幼年

労働禁止・教育の自由・言論の自由・経済の民主化・住宅・食料・衣料の供給だ。まちづくりとか復興とかいう項目はない。ないどころか、まちの復興については、道路の改良・舗装さえ占領軍の指導・監督を受けるありさまだった。

山田正男（元東京都建設局長）は、占領軍司令部の財政課長だったモスラーから、「安上がりにつくるなら地下鉄をつくってもよい」と言われたので、丸の内線を時々地上に出したりホームを短くしたり（だから編成も6両と短い）して経費を節減してつくったエピソードを書き残している。

そうしているうちに、ドッジ・ライン（1949）による緊縮財政方針、シャウプ勧告（同じく1949）による都市計画税廃止により、財政上の理由から戦災復興計画全体が大幅に縮小された。

占領軍司令部の指示により、「厚木、横田、入間、所沢等の米軍基地を結ぶ国道一六号」「都心と横田基地を結ぶ五日市街道」「調布基地の横を通る甲州街道の調布・府中バイパス（今はこれが本道となっている）」などがこのころ、整備された。結果的にはこれらは、多摩地区の貴重なインフラとなっているが、東京全体の骨格道路の整備は1964年オリンピックの準備期までなされないことになった。

3度目の選挙で有田八郎と激戦

安井が1955年、3度目の都知事選挙でスローガンとしたのはグレーター東京である。戦後復興が一段落しつつあったので東京大都市圏もしくは首都圏を意識して都市整備を進めていくという意味も込められていた。当選後、国は首都建設法を制定したが、安井はこの法律にあまり実効性がなかったと回顧している。

3回目の都知事選挙の有力な対立候補は元外務大臣の有田八郎だった。安井の得票130万に対して有田が110万という接戦だった。

グレーター東京すなわち東京大都市圏の理念は今後の東京がニューヨークやロンドンなど世界の大都市と伍して発展していく目標を示していて、そのシンボル的政策がオリンピック招致である。

1952年、都議会は満場一致で1960年オリンピックの招致を決議しているがローマが招致に成功し東京は負けた。1956年、安井は東京都知事としてメルボルンのオリンピック大会を見学している。

1959年4月、都知事の任期を終え、5月にミュンヘンで開かれたIOC総会に出席、1964年オリンピック招致を決めてから、安井は胃を悪くし、翌1960年11月の総選挙で東京1区から衆議院選挙に立候補し全国最高得票で当選するが、一度も街頭演説をすることはなかった。入退院・手術を経て、1962年1月、71年の生涯を閉じた。

第二章

第4、5代

東 龍太郎

Azuma Ryotaro
1893–1983

都知事在任

1959–1967年（2期）

写真＝時事

1964年オリンピック招致決定直前に都知事就任

東龍太郎は、1959年、5年後すなわち1964年オリンピック誘致運動が盛り上がる東京の都知事選挙に自由民主党の推薦で立候補し、日本社会党推薦の有田八郎（元外務大臣）を破り当選した。IOC総会における1964年東京オリンピック決定は東が当選してから約1か月後のことである。

当時、東の当選は、国際社会に、東京都民のオリンピック招致に向けた熱意が理解される効果があったとも言われ、また、一方ではオリンピック招致というテーマが東京都知事選挙に影響を与えすぎたとも批判されたようである。

東は医師・生理学者で、東大医学部教授でありIOC委員でもあった。東大学生時代はボートの選手でもありスポーツ医学を専門としていた。IOC委員であったのは1950年からであるが、その前からNOC（日本オリンピック委員会）の会長でもあった。

日本が16年の空白を経て戦後、オリンピックの世界に復帰する過程で東は功績者の一人で

オリンピック賞伝達式でオリンピック賞を受ける東龍太郎都知事＝東京都渋谷区 岸記念体育会館
写真＝時事

あり、もちろん1964年東京オリンピック大会招致の最大の功績者の一人でもあった。招致決定により、組織委員会が発足する一方、東京都にもオリンピック準備局が設置され、オリンピックを熟知する東知事の指示により競技施設の建設、道路の新設や拡幅、都市美化、外国人の受け入れ・接遇対策等、オリンピック開催準備が始まった。今は開催7年前に開催都市が決定するが当時は5年前の決定だったので、それだけ慌ただしさもあった。

東は『スポーツと共に』(昭和28年、旺文社)の「オリンピズムの理想と現実」の章でクーベルタン男爵のオリンピック憲章

第一部第一章に「人種・宗教または政治上の理由によって、ある国家またはある個人に対して差別待遇をなすことを許されない」とあることを引用し、これを「根本原則中の大原則」としている。

東は人柄がよく、誰に対しても分け隔てなく愛想よく振る舞い、人によって居丈高になるようなことはなかったという。戦前、ロンドン大学に5年ほど留学経験があり、英国風紳士と評されていた。

東知事はもちろん都政というよりそもそも行政に詳しくなかったので、のちに都知事となる鈴木俊一を内閣官房副長官から副知事として迎え、東都政の2期8年間を通じて鈴木が実務を担う結果となった。

首都高速道路と環七の建設

敗戦から立ち直り、被占領時代を経由して戦後復興をなし遂げた当時の日本にとって、東京オリンピックの成功は国民の悲願だったが、東が知事になって直後に招致に成功し、すぐに直面した問題は、当時、東京で唯一の国際空港であった羽田空港と、数か所に分かれるオリンピック施設との間の交通をどうするかということだった。羽田空港から都心に向かう道路については、既存の道路と連続立体交差するため高架道路である首都高速道路を建設することになった。

各種オリンピック競技施設が集中する駒沢のオリンピック競技場については、すぐ近くを通る計画の環状七号線道路を急いで整備する必要があった。環七には当初、選手村に予定されていた朝霞と駒沢のオリンピック競技場を結ぶ機能があった。ところがアメリカが急に代々木の米軍住宅基地を日本に返還することを決定し選手村は代々木に決まった。政府には「だから環七の整備は急がなくともよい」という意見があったが東京都は「オリンピックがあってもなくとも東京の交通機能にとって環七は不可欠」と強く主張し環七の建設を促進した。

環状道路というのは、後藤新平が1923年関東大震災のあと震災復興計画の一環として環一から環五までを決定し、次いで1927年に人口の郊外化に伴って環六から環八までが追加で計画決定されたものである。

都心を中心に同心円状に道路を八本つくろうとする計画で、これによって今日に至る東京の都市としての骨格構造が規定された。

世界の中心都市では数千年の間、中国の諸都市やニューヨークのマンハッタン、あるいは日本の京都に見られるように、格子状の道路構造が主流だった。荷車や徒歩の人が利用する道路であればそれでよいが、スピードが出る自動車が走るようになると、格子状の道路構造であると交差点でいちいち信号ストップすることになりきわめて効率が悪い。

自動車交通時代には、格子状道路と立体交差してスムーズに走れる環状道路が効率的である。まだろくに自動車が走っていない時代に環状道路構造を考えた関東大震災の復興計画は先人の知恵といえよう。

環七の予定地は戦後長い間、瓦礫の山や空き地だったが、そこが整地され、他の道路と交差するところに次々と陸橋が架けられていった。私は大和陸橋の近くに住んでいた。工事終了後供用開始前に工事用の柵を乗り越えて早稲田通りをまたぐ陸橋に登って見ると、広い道路がどこまでも続いていて、これも未来都市の実現に見えた。

中学高校時代の私は、篭球部に属してバスケットボールの練習に励む傍ら、脈絡なく世界の文学を読み進んでいた。六〇年安保は高校二年で経験し、しばらくその道にのめりこんだりもした。そういう青少年期に、現実に出来上がった首都高速や環七の構築物を見て、正直に言って、すごいな、こちらの世界も面白そうだな、と思った。それが、大学を出て都庁に入った動機である。だから、都庁の仕事に抱いたイメージは、未来都市づくりの一端を担うことだった。

ところが東京オリンピックのあと、ベクトルが変わって、日本は地方の開発に重点を移した。私たちの世代は住民への説明や用地買収だけでなく東京の改造について国の理解を求めることに多くのエネルギーを費やすようになった。不具合の修復に追われ新しい都市をつくることができない時代がその後、長く続いた。

21世紀に入ったころ、鈴木俊一元都知事を囲む会食の席で、東京オリンピックの頃、都庁の幹部だった先輩たちに「鈴木さんが東都政の副知事を務めていた時代に、日本橋の上に高架道路を架けることに反対はなかったのですか」と聞いたら、鈴木さんを含む先輩たちからは「江戸時代から河川は物流経路だったから、河川の上に高速道路を架けるのはむしろ自然な流れでした」という答えが返ってきた。

ビルの間を縫ってなだらかなカーブの高架道路を走らせる首都高速は、子供のころ少年雑誌の口絵で見た未来都市そのままだった。その後、『惑星ソラリス』という旧ソ連のSF映画が未来シーンで首都高速を使うが、まさにそういうイメージの実現が首都高速だった。

1964年オリンピックから半世紀以上を経て、首都高速道路の中央環状線については、高架ではなく山手トンネルをつくって完成させた。日本橋部分については高架を廃して地下トンネルに変更するプロジェクトが進んでいる。時代の変遷に伴って都市基盤のつくり方も変わっていく。

東都政の長期計画と実施計画

東京都において初めて長期計画と名づけた計画が策定されたのは1961年、東知事のときの『東京都長期計画』だ。これは政府の長期経済計画や首都圏整備計画と連動していた。

繁殖するハエを撲滅するため重油に火を付けて焼き払われた東京湾のごみ捨て場・夢の島（東京都江東区）　写真＝時事

東自身、科学的な都政を唱えていて、都政の科学的企画と総合調整の必要性を強調しそのため企画室をつくりこれを医学の立場から都政の脳下垂体と呼んだ。この点は、かつて東京市長時代に科学的調査を重視し8億円プランとも呼ばれる長期計画を策定した医師でもある後藤新平に似ている。

しかし、その直後に、水不足で自衛隊が給水に出動、ごみ処分場の夢の島で大量のハエが発生、日雇労働者の町・山谷で労働者と警察の衝突、1964年のオリンピックに向けた突貫工事による道路の公害問題が深刻化するなど、さまざまな問題が起きた。

そこで急遽、策定されたのが『基幹的重要

事業実施計画』（1966年）だ。これは策定された1966年度から1968年度までの3か年計画だが、東知事は1967年春に2期8年の任期を終えて退任したので本格的に実施されることはなかった。

東都政時代の計画書としては、これら長期計画や実施計画よりもむしろ、『これからの東京――二十年後の展望――』（1967年）が内容的に興味深い。たとえば「（事務処理の機械化が進み）働く人々は、高度の知識を要するスペシャリストや、人間でなければできないような対人折衝業務従事者などのウェイトが高くなるであろう」とか、「（老人福祉は）収容保護から居宅保護が中心になっていくと思われるので、ホーム・ヘルパーの大幅な増加が必要となる」などと、今日の状況を的確に予測している。

一般に自治体の計画書は、首長退任決定後の、いわば遺言書のようなものに率直な表現が多く、読み応えがある。次の選挙を意識すると歯切れが悪くなったりすることがあるのだろうか。

東知事は1966年に『基幹的重要事業実施計画』という重要な計画を策定したので翌67年の都知事選に3選に向けて出馬するのかどうかに世間の関心が高まった。1965年

8月には3選出馬の有無についての社会党議員の質問に答えて「新しい酒は新しい革袋にというが、古い樽にもるブランデーもある」と意欲を見せたかと思うと1966年2月には「李白いわく、笑って答えず」と煙に巻いた。のちに東氏は絵解きして、この句のあと李白は「心おのずと閑なり、桃花流水窅然《ようぜん》として去る」としていると解説している。

東都政8年のあと、美濃部知事による革新都政が12年続き、東知事を副知事として支えた鈴木俊一氏がようやく1979年の都知事選挙に立候補した。鈴木氏の立候補声明後、関係者1000人以上が集まって激励会が開催され、東氏は挨拶のなかで次のように語った。

「私はオリンピック知事といわれ、また東知事、鈴木都政といわれていたことを承知しています。私はその通りであるとそれを肯定していました。複雑多岐な都政の運営は、鈴木さんのような卓抜した行政手腕と、広い視野の政治的見識の持ち主の補佐なくしては完うしえないことをよく承知していたからであります」

この言葉に東の人柄がよく表現されている。

第三章

第6、7、8代

美濃部亮吉

Minobe Ryokichi
1904-1984

都知事在任

1967-1979年（3期）

写真＝時事

1967年革新美濃部都政誕生

私が大学を出て都庁に入ったのは1967年4月、東知事の採用辞令を頂いたがすぐに都知事選挙があった。有力候補は、自民党、民社党が推す松下正寿氏と社会党、共産党が推す美濃部亮吉氏、公明党の阿部憲一氏だった。美濃部氏約220万票、松下氏約206万票、阿部氏約60万票という結果となり、いわゆる美濃部革新都政が誕生した。

戦後復興をなし遂げ1964年オリンピック招致を獲得した安井誠一郎知事、オリンピックを実施した東龍太郎知事と20年余にわたる二人の都政を通じて東京は鉄道、道路など一定のインフラ整備を行ったものの、急速な経済成長に伴って公害、物価、福祉などの面で日本の政治・行政には不十分な面も多く、これらに対する市民の不満が東京の選挙で表面化した形だった。革新知事ブームはこのあと大阪、神奈川などにも波及していく。

私は1973年、課長になる試験に受かって、その修業期間として中央卸売市場や目黒区役所で係長職を歴任したあと、1976年、美濃部都政3期目のときに政策室主査として有楽町の都庁に戻った。戻って最初のうちは政策調整の仕事をし、半年ほど経ってから政策室秘書係長になり5人の秘書係員と共に太田久行政策室長（作家童門冬二氏）はじめ次長、理事など8人の局長級幹部に仕えた。

丹下健三氏設計による当時の都庁第一庁舎二階の床は下を風が吹き抜ける構造で冬は寒く、各室に石油ストーブを置いてあった。「おい石油が切れたぞ」と偉い人が叫ぶとハイ、と言って石油缶とポンプを持ってすっ飛んで行く仕事などをしていた。8人分の昼食、夕食そして夜食の手配や来客対応、車の手配など目の回る忙しさだった。朝早くから夜遅くまで仕事があり、泊まり込むことも多かった。ほかの5人の秘書は食事を扱うので給油の仕事はもっぱら私が担った。

大きかったブレーンの存在

そのうちに美濃部亮吉知事とそのブレーン・小森武さんとの連絡役という仕事も加わり、伝書鳩のように都庁と日比谷の小森事務所を往来する仕事もした。小森さんとは読書論で意気投合した。小森さんは国立に住んでいたが、「本はツケで買うもんだ」と豪語していた。そのころ私は二人の子育て中かつ住宅ローンの返済中で、一冊の本を買うにも財布と相談するのが常だったのでこの小森さんの言葉には感動した。本は中学生時代からよく読んでいたので、小森さんの読書論には十分太刀打ちできたと自分では思っていた。最初のころ、何かの話で小森さんに突っ込まれて私が間違えた答えをし、都庁への帰途、間違いに気がついたので、次回に会ったときに率直に訂正したらずいぶん喜ばれた。そのときから信頼関係ができたように思う。

美濃部知事と小森さんの間を往来するうちに、都政の基本方針は小森さんが決めていることと、メディアの意向や世論の動向を読んだり、国や都議会、区市町村や民間企業との裏交渉みたいなことも小森さんが行っていることを知った。美濃部さんは対外的に調子のよいことばかり言っていて、行き詰まると小森さんに助けを求め、小森さんは怒りながらも助け船を出していた。また知事の主要な演説草稿はほとんど小森さんが帝国ホテルに泊まってつくっていた。

小森さんについて三島由紀夫は『宴のあと』（新潮文庫）で「幻滅した共産主義者の一人」

で「実際家」と評している。小森さんは1955年、1959年と2回、元外務大臣の有田八郎が東京都知事選挙に革新統一候補として出馬したとき、有田が都政を勉強するのを手伝っている。

小森さんは使い走りの私とも対等に話をし、親しくなったが、私は美濃部さんとは親しく話したことはない。美濃部さん自身、退任後に執筆した回想録『都知事12年』（朝日新聞社）の中で都庁職員に対して厳しく、否定的な評価をしている。私たち職員は、美濃部さんが都知事に当選したニュースが流れたとき、皆で喜びの拍手をしたのだが、この回想録を読むと、美濃部さんは最後まで職員に対して好意をもつことはできなかったようだ。回想録では、自分が評価する幹部の名前をあげているが、自分に協力的であると感じられるかどうかが評価の物差しであったようだ。これは危険な物差しであって、「都政かくあるべし」という職員の意見が自分に都合が悪いと非協力的ということになる。

都政をとりまく環境は激しく変わっていくので、現場を熟知する職員からの意見に耳を傾けないと政策を誤ることになりかねない。回想録には「革新的な政策はほとんどすべて、庁外のブレーンである小森武君と相談して決めたものであった」とあるが、その背景には知事が聞く耳をもたないので小森さんのところに意見や情報が集まっていた実態があった。

美濃部都政が終わってからも小森さんが亡くなるまで、私は小森さんとお付き合いをした。ひとことで言えば小森さんは接した人に好かれるタイプであるが美濃部さんはテレビカメラに対してはにこやかだが目の前の人間に好感をもたれるタイプではない。このことを小森さんはよくわかっていて、「美濃部個人を見るな。美濃部都政を見ろ」とよく言っていた。美濃部さん個人が鼻持ちならない人であっても、美濃部都政には歴史的意義があるのだから協力しろと言っているように私には聞こえた。

『広場と青空の東京構想』実現できず

1971年すなわち美濃部都政2期目のスタートの年に東京都が発表した『広場と青空の東京構想』試案は、明快性・実現性・総合性・先行性・継続性・改革性・民主性など自治体の基本計画に必要とする諸条件に照らしてみて、非常に水準が高い。今日読んでも輝きを失

商品が消えたスーパーの洗剤売場。買い占めの影響で商店からトイレットペーパーや洗剤などの石油関連商品の品切れが続いた　写真＝時事

っておらず、日本の各種計画のなかでも、また東京都政史上の各種計画のなかでも珠玉の名作と呼んでいい。

美濃部氏の2回目の都知事選挙は、1回目と同様に社会・共産の推薦で出馬、自民党推薦の秦野章前警視総監を破り大差で再選されていて、ほかの長期在任知事と同様に1期目の美濃部都政は輝いていて、この『広場と青空の東京構想』が美濃部都政のピークだったといっていいだろう。

2期目の美濃部都政は支持政党である社会党と共産党の激しい確執や1974年のオイルショック等を原因とする財政危機もあって『広場と青空の東京構想』はその後ほとんど

省みられることもなく、事実上、お蔵入りとなってしまった。今日の東京の問題を考えるとき、この構想が実現していればと思うことも多い。この構想が優れている点、そして実現しなかった点が美濃部都政12年間を象徴している。美濃部都政の理念はいいが、実行力に欠けていたのである。

『広場と青空の東京構想』が計画として優れているのは、象徴性である。広場は市民参加、青空は環境改善を象徴している。当時の東京では高度経済成長の過程で生活関連社会資本の整備が追いつかず、交通混雑・住宅不足・水不足・環境悪化などさまざまな都市問題が深刻化していた。そういう状況のなかで市民参加によって青空を取り戻していこうとする呼びかけは明快でわかりやすい。

行政の立場、職員の立場からは気になる表現がないわけではない。たとえば、序章にあたる部分は、生活関連社会資本整備が遅れた原因について、「資本主義経済のもとでは、利潤追求の商品生産は優先的に発展するが、公共的な施設の整備はつねに遅れる傾向をもっている」といった表現と論理で貫かれている。

しかし実際には、この時期、「利潤追求の商品生産が発展」して法人税収が増大したからこそ、「ばらまき」と批判されるほど老人福祉手当など現金給付を中心とした20世紀型の福祉施策を充実できたのではなかったか。

21世紀型の福祉は、現金給付中心主義ではなく、施設や人材による福祉サービスの現物提供そのものを充実することを目標とする。その意味では、この時代の都政は、きわめて「資本主義経済」的な福祉、現金給付型の福祉を行っていたのだと改めて思う。

それに加えて問題なのは、「資本主義経済のもとでは、公共的な施設の整備は遅れる」という評価である。実際には、当時、外環の建設を凍結に導いて、その後長い年月にわたって環八、環七およびその周辺の生活道路に過大な負荷を強いたのは「資本主義経済」ではなく革新美濃部都政だった。この辺が戦後日本で栄えたマルクス経済学の学者でブレーンを構成する美濃部都政の限界だったのではないか。

人は働くことによって富を生み出し、その富を享受することで生きていく。生産と消費は互いに対立するものではなく互いに支え合うものである。企業は人々が働く場であり富を生み出す手段ではないか。

資本主義経済の元では、政府も失敗するし、市場も失敗する。従って、政府に対する国民の監視機能は絶えず進化させていかなければならないし、それは市場に対しても同様である。民営化すれば安くつくと思ったら大間違いで、市場における公平な競争を確保するためには相当のコストがかかることを覚悟しなければならない。

観念的に「企業」と「市民」を切り分けて敵対させる論理は説得力を欠く。市民の大部分が企業に属するからだ。しかしその難点を超えて、当時において生活関連社会資本整備に都政の重点をおくべきだという『広場と青空の東京構想』の基本的なスタンスは、「資本主義経済のもと」でも首肯できるものである。

都心と立川の二極構造論を提唱

『広場と青空の東京構想』が評価できる点は、東京の基本的な都市構造として多摩連環都市（八王子、立川）と都心との二極構造を目指している点である。その中間に新宿「新都心」があるが、東京都の都市改造の目標は多摩連環都市建設が第一であると明言している。

そして、「この二極構造を確保するため、新・旧二極間に高能率の高速鉄道と高速自動車専用道路を計画する」と宣言している。

その後、多摩連環都市として位置づけられた立川は多摩都市モノレールの建設等により商業・業務拠点として発展した。八王子も大学や知的産業が集積したが、都心と対峙する一方の極というにはまだまだ不十分である。

だが当時の東京都は多摩連環都市構想を強力に推進するには至らず次の鈴木都政時代に多心型都市構造論に転換し、区部に七つの副都心を建設することを都市構造論の中心にすえることになる。七つの副都心は、いずれも東京にとって重要な地域であり、交通の結節点に位置しているから、東京都として重点的に取り組んでいかなければならないことはまちがいない。

東京の都市構造論としては、都心をどうするか、そして多摩をどうするかという二つの論点は、七つの副都心を論ずる前に、というより論ずるためにも避けて通れない事項である。多心型都市構造論が東京都の都市構造論を支配していた間は、多摩はともかくとして都心の改造について都市政策的に見るべき政策はほとんどなかった。

『広場と青空の東京構想』において二極構造の一方の極に位置づけられたのはいいとして、それ以来、実に20年以上にわたって美濃部都政、鈴木都政時代を通じて東京の都心は東京都の公的計画において片隅に追いやられていた。東京の都心の再開発が東京都の計画で公的に位置づけられたのは、1995年、青島都政時代、都庁職員の主導でつくられた『とうきょうプラン』である。その間、工業化時代が過ぎ去って高度情報化時代が到来し、都心の本社には大量の事務処理機能ではなく知的生産性を高めるための交流機能が求められるようになった。本社に大量の事務机をおくのではなく、プレゼンテーション、ミーティング、レセプションを行うための交流スペースが必要な時代となった。

1995年の『とうきょうプラン』以降、ようやく都心の機能更新が進行し東京は世界都市としてのライバルであるロンドン、ニューヨークを追い越したと考えられるが、東京の都心機能更新はシティの旧市街を改造して超高層ビルを建てたロンドン、ミッドタウンに超高層ビルを建築したニューヨークに比べて遅れてしまったことは否めない。都心を一極として位置づけている『広場と青空の東京構想』がお蔵入りになってしまった結果を惜しむ所以である。

シビル・ミニマムと市民参加

美濃部都政時代につくられた各種計画は当初から、「シビル・ミニマムの確保」を主要な目的としている。シビル・ミニマムとは、これら計画書によれば、「近代都市が当然備えていなければならない条件の最低限、すなわち、住民が安全、健康、快適かつ能率的な都市生活を営むうえに必要な最低条件のことである」

事業ごとの費用と総額、財政計画等は当初から計画に盛り込まれていたが、途中から、経済の悪化もあって財政状況が苦しくなり、「シビル・ミニマムの確保」を主要な目的としつつ「都の財政危機克服の道筋を明らかにする」ため、「不公平税制の是正、超過課税の実施等の手段を織り込み、できうる限り財政自主権を行使することによって、財政基盤の強化をはかる」こととして、『中期計画』の名称を『行財政三か年計画』と変えた。

美濃部都政の「広場と青空の東京構想」の「広場」は市民参加を象徴している。この市民参加をめぐって、問題となったのが「橋の哲学」だ。「橋の哲学」というのは、アルジェリアの革命家フランツ・ファノンの『地に呪われたる者』（日本語訳1968年、1996年みすず書房再版）という著作に出てくる考え方から派生している。それは、「その橋の建設が、その地に住む人々の精神を豊かにしないなら、その橋はつくられない方がいい。人々は今までどおり、泳ぐか、渡し船で川をわたればよい」という考え方である。

この言葉を美濃部知事が引用し、「美濃部都政は、一人でも反対すれば道路をつくらない」と伝えられた。フランツ・ファノンは「一人でも反対したら」橋はつくらないとは言っていない。「その地に住む人々が反対したら」つくらないと言っているだけである。しかし「美濃部知事が一人でも反対があれば道路をつくらないと言ったからあの時代は道路がつくれなかった」とまで言われるようになった。

実際には、オリンピックのために環七や環八みたいな道路をつくってしまったから「道路は公害」というイメージがもたれて、道路がつくれなくなってしまったという面も否めない。もっともこのころ、公共施設の建設に反対する市民運動の側に「少数の反対者の意見を尊重せよ」という意味で、「一人でも反対すればつくらせないと美濃部知事も言っている」と「橋の哲学」を援用しようとする傾向もあった。

『広場と青空の東京構想』は、市民参加と責任行政をきちんと双璧として図示している。

責任行政という考え方からは、たとえ「そこに住む人々が反対しても」、広域的な人々の幸せのために必要なときは、橋はつくられなければならない。そこから、「住民参加と行政責任」という論点が発生する。だから、「住民参加と行政責任」という論点を意識しているかいないかでは大きな違いがある。

この論点を意識していない場合は、反対されたらつくらないという短絡的な発想が支配する。反対があればつくらないというのでは、民主主義が成立しない。一方、この論点をきちんと意識していれば、広域的な利益を考えて、情報公開・説明責任・説得・話し合い・代替案の探求など、民主主義の進化が期待できる。ここでいう民主主義の原理は「多数決原理・ただし少数意見尊重」である。近年、議論されている協治（ガバナンス）という概念は、このような仕組みを地域の自治に委ねようとする発想から出発している。同時に、単に意見を言うだけでなく、地域の仕事を自ら担うという視点を強くもっているので新しい言葉を使っている。

現金給付型、施設重視型の福祉

政策の正当性は、その時代状況とセットで論じられなければならない。美濃部都政の時代に市民の熱狂的支持を受けた政策も、40年を経過した現代に通用するとは限らない。また現代において「美濃部知事のときにこうしたからいけないんだ」という批判も見当違いだ。あの時代だからそうしたのであって、そこにはそういう政策選択の必然性があった。

美濃部都政が終わる1979年3月、毎日新聞の世論調査によると、美濃部都政の政策で最も高い評価を受けたのは「老人・身障者施策」（60%）だった。

その代表例は、老人福祉手当だ。在宅のねたきり老人を慰謝・激励することを目的としたこの制度は、美濃部都政の最盛期であった2期目の1972年に創設された。当初は1人当たり月額3千円、年間2億円の「ちょっとした善政」だったこの手当も、美濃部知事が退陣した1979年には、月額1万1500円、年間予算36億円の本格的な現金給付政策に育っていた。

障害者政策についても似たような問題がある。美濃部都政の時代に、府中療育センターのような、重度心身障害者のための福祉・医療の両面にわたってケアを行う施設をつくった。これも美濃部都政の善政とされた。

もちろん、まだ、このような施設の必要性はなくなっていない。しかし現代では、一方で、重度心身障害者が在宅で生涯をすごすことができるサービスの充実が求められている。いわゆるハコモノをモニュメント的に残す時代ではなく、地味だが色々な意味で行政にとって負担が重い、在宅サービスの時代に移ったのである。

対症療法型の公害行政

美濃部都政の当時、工業化時代における高度経済成長の結果、東京をはじめ大都市の大気汚染は深刻だった。工場の排出する大気汚染物質だけではなく、自動車という移動発生源による汚染も急速に拡大していた。

美濃部都政が1969年、都議会に提案した公害防止条例は、国家による法律の公害規制に対して、自治体の条例によって、「上乗せ・横だし」規制を行おうとする点で画期的な条例だった。当時、この「上乗せ・横だし」という言葉は自治体職員の間では、地方自治の代名詞として使われたほどだった。国の各省庁では、地域間の不平等を理由に、この「上乗せ・横だし」に対して何かと難色を示した。しかし、そのことがかえって話題を呼んで、よけいに世間の注目を浴びた。都議会において少数与党しかもたない美濃部都政にとっては、世間の耳目を浴びることでかえって有利な状況をつくりだせた側面があったことは否定できない。国は、最初は都の「上乗せ・横だし」規制に対して干渉したが、都の政策が世論の圧倒的支持を受けたのを見て、法律を後追いで改正して都の基準に合わせるような例も見られた。

光化学スモッグや六価クロムのように、公害研究所（当時）の科学技術力を駆使して新たな公害問題を提起していったのも当時の特徴である。当時、公害問題についての政策・技術・知見は都の力が国のそれを上回っていると、一般に受け取られていた。国が環境庁を設置するなど、この分野の充実に乗り出したのはその後のことである。環境行政の分野では美濃部都政は国と対峙し、先駆性を示した。

スモッグを立体的に観測する大気汚染立体測定室を視察する美濃部亮吉東京都知事（東京・港区の東京タワー）
写真＝時事

同時に美濃部都政は、道路建設のスピードをかなり遅くした。自動車輸送の必要性が増進する時代に、しかも放射方向の道路がある程度出来上がって、環状道路を充実すべき時代に道路建設を怠ったから、そのツケがその後、表面化し、東京の道路渋滞を惹起した。

では、このように、道路つくりが遅れたのは美濃部都政の責任だけかというと必ずしもそうではない。

美濃部都政が始まる前、１９６４東京オリンピックに向けて、都は環状七号線の道路を幅員わずか25メートルでつくってしまった。歩道の標準幅員は約2メートル余だ。民家の軒先をかすめて地響きを立てながら24時間、

10トン、20トン積みのトラックが走る。道路といえば公害、というイメージがすっかり定着してしまった。

80年前、後藤新平が関東大震災の震災復興計画でつくった昭和通りが幅員で44メートルだったのに比べ、環七はいかにも狭い。その後、都は首都高中央環状線の新宿線を地下に通すため、山手通りを幅員22メートルから40メートルに拡幅する事業を完成させたが、完成後、地上の歩道は標準で約9メートルと、シャンゼリゼ並みにとった。

道路をつくれば緑が増える、そういう道路をつくらなければならない。東都政、美濃部都政の時代は、道路をつくれば公害が増えた。今は、道路をつくれば環境がよくなる。時代が変わった。

巨大防災拠点構築の防災対策

私が課長昇任試験を受けた1973年の論文問題は、市民参加に関するものと都市防災に

防災訓練を視察する美濃部亮吉東京都知事（右）　写真＝時事

関するものと2題から、どちらかを選択するようになっていた。どちらも予想された問題だったが、私は市民参加については自分の思考が熟していなかったので無難な防災に関する問題を選択し合格した。合格後、職員研修所の研修に、当時市民参加論の代表的学者であった法政大学の松下圭一教授に来ていただいて議論したりして段々にこのテーマに対する自分たちの考え方を形成していった。

当時の自治体は、政府の通達や見解を得て初めて動き出す時代から地域の特性に応じて独自の政策を創造する時代への過渡期だった。その意味では、美濃部都政は都庁に大きな変革を促す役割を果たした。

美濃部都政は、防災政策も主軸の一つに据えた。そして、江東地区を中心とした住工混在地区の解消を旗印とした。具体的には、墨田区の白鬚東地区には、巨大な都営住宅棟群による防火壁を建造した。荒川区汐入の白鬚西地区（約50ヘクタール）や亀戸・大島・小松川地区（約100ヘクタール）で、オープン・スペースを豊富に確保した上で耐火建築の中高層住宅群を配置する市街地再開発事業を実施した。これらの事業を都が自ら施行したのである。

しかし今では、これら東京の東部地区に加え、東京西部の、環七沿道の木造密集市街地の方が震災等に対する危険度が高くなっている。これは、美濃部都政と同じ手法では改善できない。個々の建物が必ずしも老朽化していないからである。地域もはるかに広大だ。都施行の大規模再開発事業ではなく、中低層住宅地として民間主導で改善していくことになる。それも、都心における住宅供給政策と合わせて進めていくことになる。

皮肉にも鈴木俊一氏に知事職を譲る結果に

時代が変われば政策も変わる。変わらないのは、自治体は現場をかかえているし市民と密着しているから、国と違って常に市民の立場に立っているということだ。市民の生活、そして経済を基点として政策を立案実施する、そういう基本的立場を貫くことが、首長が強力なリーダーシップを発揮する道である。美濃部都政は、議会では少数与党だったが、世論を味方につけることによってリーダーシップを確立した。

美濃部知事の時代には、計画をたくさんつくった。1967年から1979年までの3期12年に、三カ年計画（『中期計画』または『行財政三カ年計画』）を8つもつくっている。数が多くなったのは、ローリング方式を採用したためだ。

たとえば最初の『東京都中期計画68』は1968年に策定し、1969〜1971年度の3カ年を計画期間としている。翌1969年度に策定した『東京都中期計画69』は1970〜1972年度の3カ年を計画期間としている。最初の計画で定めた3カ年のうち1970、1971両年度については、次の計画では内容を多少修正したうえで1972年度分を加え、新たな計画としているのである。

ローリング方式を採用した理由について、当の計画書では、「経済社会の客観的条件に適合させるシステムをとり、計画が常に現在時点に適合した計画であるよう所要の補正を行い、新しい三カ年計画として修正延長していくこととし、実現可能な計画としての配慮をした」と説明している。

たしかに、政府の政策も毎年修正されるし、そもそも自治体の基礎的条件である人口や経済、地価、そして自治体自身の行う事業の進捗状況も時々刻々と変わっていく。計画事業の内容も変わらざるを得ない。それなのに、「あとは予算で修正していけばいい」として計画を古いままにしておくと、計画に対する市民の信頼性が失われる。計画による行政を目指す以上は、ローリング方式の採用は避けられない。

美濃部都政は任期の最後に東都政と同じく、遺言書をつくった。『低成長社会と都政』（1978年）だ。この中では、「ゼロ・ベース的手法を導入し、規定経費の徹底的見直しをはかる」「応能・応益原則に基づく適切な負担」「（当時、所得の低い人しか利用できなかったホームヘルパーについて）一般的な制度として拡充していくべきである」などと、その後の鈴木都政で実施されていく改革をかなり大胆かつ率直に提起している点が注目に値する。

美濃部氏は3期務めて引退するとき、革新系が推した太田薫氏を支持することはせず、結果的に鈴木俊一氏を利する結果となった。その12年前には、東都政の副知事を8年務め都知事選挙に満を持していた鈴木氏にストップをかける形で都知事選に立候補した美濃部氏だったが、自分が引退したときは鈴木都政の実現に手を貸した形となった。

第四章

第9、10、11、12代

鈴木俊一

Suzuki Shunichi
1910-2010

都知事在任

1979-1995年（4期）

写真=時事

高齢批判に抗して80歳で知事4選

鈴木俊一は1933年に内務省に入り、戦後、自治庁事務次官（当時）を務め各種地方自治関連法成立に尽力した。岸内閣で内閣官房副長官を務めたあと1959年、東龍太郎が東京都知事に当選したのに伴い東京都副知事に就任し、1967年まで2期8年務め、都政の実務を事実上仕切った。

1967年、東知事の引退に伴い鈴木は当然、自由民主党から都知事選に立候補すると思われていたが革新陣営が知名度の高い美濃部亮吉を擁立したため、自民党は民社党が擁立した立教大学の松下正寿総長の推薦に転じ、鈴木は都知事選挙に立候補できなかった。松下は日本社会党・日本共産党推薦の美濃部に敗れ革新都政が実現した。

失意の鈴木は日本万国博覧会事務総長、首都高速道路公団理事長などを務め、3期務めた美濃部知事の引退後、1979年東京都知事選挙に自民・公明・民社・新自由クラブ4党推薦で出馬し、社共推薦の太田薫総評議長、無所属の麻生良方らを破り、当選した。

就任後、鈴木が最初に直面した課題は前任の美濃部が残した膨大な財政赤字の解消だった。鈴木は財政再建に成功するが、3期目以降、都庁舎の丸ノ内から新宿への移転、東京国際フォーラム、江戸東京博物館等、いわゆる箱物行政により財政は再び悪化した。

鈴木は1991年、80歳になって4選出馬するが、自民党は小沢一郎幹事長の主導により鈴木ではなく元NHKの磯村尚徳を擁立、公明・民社も同調する。しかし自民党東京都連はこれに反発し、自民・民社の都連推薦という形で鈴木を擁立する。鈴木は高齢批判に抗して4選を果たした。

鈴木都政で多くの人の印象に残っているのは都庁舎を丸ノ内から新宿に移転したことと世界都市博覧会開催計画（次の青島知事が中止）かもしれないが、実際に後世の都民生活における利便性への影響という面から考えると大江戸線環状部の建設促進が最大の功績ではないか。

鈴木知事は経営の苦しい東京都交通局の建設費負担を軽減するため1988年に東京都地下鉄建設株式会社を設立しこの会社を第3種鉄道事業者として環状部の建設を行った。同社が建設・製造した鉄道施設・車両は東京都交通局が長期分割支払いで譲受する方式である。大江戸線環状部の完成・開通は鈴木知事の退任後、青島都政を経て石原都政時代であり、大江戸線の命名も石原知事である。そのためか鈴木知事が大江戸線環状部の建設を自分の功績としてどれだけ意識していたかはわからないが、この10年以上の期間に及ぶ計1兆円の投資によって今日の東京は山手線、大江戸線という2本の環状地下鉄をもつ、世界の大都市でも比類のない地下鉄乗り換え利便性が高い都市を実現した。

5 選出馬に意欲？

鈴木氏の東京都知事在任4期16年の最後の年、私は都庁の高齢福祉部長だった。例年、敬老の日に都知事は百歳を迎えたお年寄りを訪問して祝う。まだ夏の暑い頃、私は鈴木知事に対し、その年の候補者について「品川の、芸者さんだった人です」と説明を始めた。知事は私の話をさえぎって「今年は渡辺武次郎さんを訪問する。正月のお茶会で約束した」と言った。「えっ…？ 渡辺さんて、どなたですか？」「君、渡辺武次郎さんを知らんのかね。かつて三菱地所の会長、社長を務められた方だよ。百歳になっても出社している。すばらしいではないか」とたたみかけてきた。私が「この行事は、私的行事でなく知事の公的行事なので、訪問先は庶民のほうが…」と反論すると福祉局長が止めて「先方と相談します」と引き取った。

私は昔の丸ビルにあった三菱地所の役員室を訪ね、渡辺さんの秘書役を務めておられる年配の役員の方に用件を伝えた。数日して「ご辞退したい」という連絡があった。私はすぐに「知事に直接断ってください」と依頼し知事の日程をとった。秘書役の方が知事に面会して辞退の意を伝え退出したあと、鈴木知事は怒るとか残念がるとかいうことは一切なく、私の顔を見てニヤリと笑い「君の言うとおりにするよ」と言って快く品川に行ってくれた。私はこの切り換えの早さが、84歳まで現役を務めた秘訣ではないかと思った。

青島都政に代わってから私は計画部長になり、その年につくった「とうきょうプラン95」は、鈴木都政からの大転換を宣言した。鈴木さんと会う機会はあったが、これに対してとやかく言うことは一切なかった。

その後、鈴木さんは満99歳のとき、まちづくりの功績を顕彰する後藤新平賞を受け、2008年（平成20年）9月11日の授賞式では車いす姿ながら、「後藤新平は震災復興で、不人気承知で次世代のための道路をつくった。私はこれを見習って将来世代のために地下鉄大江戸線を整備した」という趣旨のスピーチをした。

「私は昭和8年に内務省に入りました。後藤新平はその4年ほど前に亡くなっていますが、内務省の大先輩です。後藤新平は内務省勤務のあと、浪人時代や台湾総督府民生長官、満鉄総裁などを経て大臣を歴任しています。私は内閣官房副長官を務めましたので、やはり内閣の一端を担ったと言っていいでしょう。そして後藤新平は大正9年から12年まで東京市長、私は昭和54年から平成11年まで16年間、東京都知事を務めました。時代は違いますが、私の職歴はほとんど後藤新平の人生と重なっています。今、振り返ってみると、職歴だけでなく、仕事の内容や考え方も、重なり合っているように思えてなりません」とも言った。

マイクを持ってサポートしながら私は、このような歴史の生き証人には、何歳になっても生きていてほしいと思った。しかしこれが最後の公式発言になってしまった。

美濃部都政の「ばらまき福祉」は部分修正の上、継承

「ばらまき福祉」を批判して当選した鈴木都政も、この現金給付政策を継承した。継承どころか、発展させた。月額1万1500円で引き継いだ老人福祉手当を、鈴木知事が退陣する1995年には、実に5万3000円、年間予算340億円の怪物に育て上げていた。特に鈴木氏にとって3回目の選挙を前にした1986年には月額1万7500円を最大3万5000円に倍増した。20年間にわたって毎年、増額を繰り返してきた老人福祉手当を初めて「据え置き」にしたのは、青島都政だった。そして石原都政が介護保険実施を機会に廃止を決めた。

このように、鈴木都政の16年間に手当の増額を繰り返さざるを得なかった背景には、老人ホームの深刻なベッド不足があった。24時間介護が必要で、本来なら老人ホームで専門家が介護すべき老人を、在宅で介護せざるを得なかったのだ。ホームヘルパー・通所リハビリ・短期入所・訪問看護などの在宅サービスは、質量ともに不十分だった。老人病院も、その後

にできた療養型病床群は整備されていなかった。だから「慰謝・激励」を継続する必要があった。

高齢者が少なかった当初は善政であったこの制度も、その後、本格的な高齢社会が到来し、高齢者の絶対量が飛躍的に増加し、24時間介護を要する老人が激増した時代には、それを意図しなくとも結果的には、「老人ホームや在宅サービスが不足していることを補う機能」を担い家族介護を奨励する制度になってしまっていた。

老人ホームに入所すると、ランニング・コストだけでも月40万円くらいかかる。在宅サービスだと、場合によってはもっとかかる。これに対して、月5万円台の手当のほうが行政にとってずっと「安上がり」となる。こういう手当の支給を続けている限りは、老人ホームのベッドも、在宅サービスも、充実拡大しない。これを福祉の世界ではベネフィット・トラップ（現金給付の罠）という。

平成12年（2000）4月から介護保険制度がスタートした。法により介護の実施が義務づけられた以上は、公的介護が行われないことを前提とした老人福祉手当は論理必然的に廃止ということになった。

長期計画と実施計画

東京のような巨大都市、そして都庁のような巨大組織は、恣意的な思いつきでは運営できない。全体の目標と目標に至る道筋、さらにはそのための財源をきちんと示して運営していくことが必要である。計画をつくる過程で多くの人の意見を取り入れることもできる。

鈴木都政は4期16年の間に、3カ年の総合実施計画を7回策定した。この点では美濃部都政時代に定着した方式を踏襲した。内容的には年々充実し、都庁の各部門は、総合実施計画に掲載されれば新規予算が認められるとして、全力を挙げて計画事業化の努力をするようになった。計画書には200件くらいの事業が並び、約250頁、本の重さも800グラムを超えるようになった。

この時代に特徴的なのは、10カ年の長期計画を3回つくったことだ。しかも、いずれも知事選挙の数カ月前に策定している。その意味では、行政計画ではあるが、選挙公約の性格も併せもっていた。マニフェストの話を今、鈴木俊一氏にすると、「そんなことは僕はとっくにやっていた」と言われるかもしれない。

これらの長期計画は、内容的には、鈴木知事の「マイタウン東京を実現する」ためのものとしてつくられた。21世紀の東京像を描いて基本構想としての性格をもつと共に、10カ年の事業計画を具体的に、しかも事業ごとの事業費をも示している。

しかしバブルなど当時の社会情勢も反映して、いわゆるハコモノがいくつも計画事業として示されている。たとえば『第三次東京都長期計画』（１９９０年）には、音楽プラザ、美術館、宇宙科学館、自然科学博物館、江戸東京博物館、国際交流センター、東京国際フォーラム、多摩都民フォーラムなどが事業費等を具体的に明示して並んでいる。これらのうち多くが実現しなかったが、実現したにせよ、中止したにせよ、後に、とくに鈴木都政に続く青島都政時代の負担となった。

鈴木都政は最後に、『二〇一五年長期展望』をつくった。１９９４年のことである。人口減少を指摘し、「豊かさとゆとり」「自立した個人の多様な選択肢」など、21世紀社会の特徴を整理し、それに沿って社会資本整備の方向転換を主張している。この書は次の青島都政時代の生活都市東京構想に継承された。

多くの副都心を育てようとした多心型都市構造論

多心型都市構造論とは、都心一点集中の都市構造を、いくつかの副都心が形成された都市構造に転換していこうとするものである。

具体的には、池袋、新宿、渋谷という既存の三つの副都心、上野・浅草、錦糸町・亀戸、大崎という新しい三つの副都心、さらには臨海副都心を加えて計七つの副都心に業務・商業機能を重点的に配置していこうとするものだ。これらの副都心は、程度の差こそあれ、いずれも交通の結節点もしくはその近くにあり、一層の業務集積が期待される地域であった。

そして多摩地域には、副都心ほどではないが、やはり業務・商業のさらなる集積が期待される立川・八王子・町田・青梅・多摩ニュータウンセンターの五つの「心《しん》」が指定された。

この考え方が本格的に東京の都市構造論として位置づけられたのは、昭和61（1986）年11月の『第二次東京都長期計画』である。それ以前に、昭和57（1982）年11月に策定された第一次の『東京都長期計画』でも多心型都市構造論は計画の中軸には据えられていたが、臨海副都心や青梅、多摩ニュータウンセンターなどが副都心や多摩の心として正式に加えられ、多心型都市構造論が本格的に展開されたのは『第二次東京都長期計画』からである。

『第二次東京都長期計画』は、「なかでも臨海副都心は、東京テレポートを中核に、国際化や情報化に対応して、情報関連業務、国際交流、居住、文化・レクリエーションなど複合的な都市機能が整備され、――外国人も住みかつ働く、未来型の情報都市空間が生まれる」と特別扱いされている。すなわちこの多心型都市構造論は、都庁が丸ノ内から新宿に移転し、臨海副都心に一時期重点投資が行われる理論的根拠となった。

このころまでは、都心は業務、都心周辺部は商業・サービス、外縁部は住居という機能分類による一点集中、放射方向の都市構造が当然視されてきた。市街地は江戸時代以来、一貫して都心から郊外へ向かって外延的拡大を続けてきたのである。しかし、その外延的拡大は飽和点に達し、何よりも都心がその過重な負担に耐えられなくなってきた。都心機能の分散が必要と考えられたのである。

そこで編み出されたのが、「一点集中型の都市構造是正のための多心型都市構造論」だった。ここで副都心とは、「交通の結節点にあって、大規模な未利用地の開発や再開発が見込まれるなど、将来の都市づくりに大きな可能性をもっている地域」である。

当初から、「都心機能を副都心に分散する」といっても、「都心と新宿は、新宿通り沿いにすでに連担していて区別がつかない」「都心と渋谷も、青山通り沿いにずっと連担している。むしろ一体ではないか」などという批判があった。

これに対して、「いや、新宿通りも青山通りも、大通りから一歩入ると、低層の住宅街があって、業務・商業機能が主流ではない」という反論はあったが、その「一歩入った低層の住宅街」も現実には、徐々に「中層の業務・商業・都心居住の複合機能地域」に変貌していった。

実際の都市の流れは、むしろ都心居住や情報交換・交流・文化・楽しみなど多様な機能が都心部全体に求められる時代に変わってきたため、ほぼ山手線内側のセンター・エリア全体が、従来とは異なった多様な都心機能を担うようになっていった。

「環状型都市構造」の理論は、東京都という不自然に東西に細長い行政区域にとらわれず、関東平野全体を展望した都市構造、すなわち、「首都圏メガロポリス構造」を考えると有益な理論である。

すなわち、圏央道という直径約100キロの高速道路とアクアラインに囲まれた地域が、都市活動の上でも、人びとの生活の上でも、ほぼ一日行動圏であり、この範囲の都市構造を中心に考えるように変わっていった。

圏央道の路線には、東から順に、成田、つくば、久喜・白岡、青梅、横田、八王子、相模原、海老名という主要な都市がある。これらの地域はいずれも首都圏における重要な機能を担っている。

東京が東京都という行政区域でなくむしろ圏央道を軸とした東京大都市圏という経済圏そして人々の生活行動圏でとらえるほうが現実的な時代となり多心型都市構造政策は、都庁の新宿移転と臨海副都心開発という二つの成果物を残して、21世紀にはその役割を終えた。

強い意志で実現した都庁移転

鈴木知事は知事になったときから東京都庁を丸ノ内から新宿に移転する構想をかなり強く意識していたことは、『回想・地方自治五十年』（ぎょうせい）に自ら書いている。多心型都市構造政策にとっては都庁新宿移転により新宿の副都心がほぼ完成することになるし（実際そうなった）、都庁新宿移転にとっては多心型都市構造政策が移転理由のバックボーンとなった。

新都庁舎落成式でテープカットのあと、くす玉を見上げる鈴木俊一都知事（右から3人目）ら（東京・新宿区西新宿）　写真＝時事

しかし都庁新宿移転には都心区や東部地域を中心に党派を超えて根強い反対論があった。鈴木知事は1期目は周到に準備し、2期目の当選を果

たした1983年ごろから新しい庁舎を建設するための審議会を設置するなど公然と移転を推進した。移転のためには都議会議員の3分の2以上の賛成を必要とする。鈴木知事は当初、移転議案を1985年 3月の都議会に提案する意思を持っていたが、支える横田政次副知事が、その年の7月に都議会議員選挙があるから3月は見送り9月都議会に提案するよう強く進言し、結局知事もそれに従い、9月の都議会で移転議案は可決された。

私は当時、都市計画局の課長から生活文化局に異動し、企画、計理、総務などの課長を歴任し、以上の経過に実際に関わっていた。新宿の都庁舎が完成した1991年には自分の局の引っ越しの責任者を務めた。生活文化局は都民にパスポートを発行する旅券課を擁していて、その入口の表示がなかったので壁に張り紙をしたら、設計者の丹下健三事務所から著作権の侵害だと指摘されスッタモンダしたりした。いまでは旅券課の入口には紙ではなくプレートがはめ込まれている。

移転直後に最も問題となったのは、エレベーターの数が少なく、なかなか来ないことである。職員の苦情が噴出したが移転準備担当の答えはエレベーターが学習するから大丈夫ということだった。実際には職員が学習し、他の階に行くには早めに出かけるようになった。知事室に大理石の浴室があるなどというデマも流れ、メンテナンス経費が大きいことも予測され新庁舎に対する都民の評判も芳しくなかった。

塚田博康『東京都の肖像』(都政新報社)は都庁舎の設計コンペについて、丹下健三氏は鈴木知事の選挙母体の会長なのだから丹下案の当選を疑う人はなかったと書いている。結果的に東京のシンボルというべきデザインの素晴らしい建築物が残った。

都庁移転の推進は、ことの是非は別として鈴木知事の強力なリーダーシップと不人気や反対論にたじろがない強い意思の貫徹によって実現したものである。

のちに中止となった世界都市博覧会

のちに中止となった世界都市博覧会も鈴木知事の強い意思によって推進された。臨海副都心の開発と世界都市博覧会の開催は、都庁舎移転と同様、多心型都市構造論と密接にリンクしている。加えて、ロンドン、ニューヨーク、パリなど世界的に成熟した大都市として認められているいわゆる世界都市として東京を世界にアピールしたいという思想がここには込められている。

そもそも世界都市とは何か。一般には世界的に中心的な役割を果たす都市が世界都市すなわちワールド・シティである。「機能面において世界の代表的な都市」と言い換えてもいい。ただし、その都市自らが世界都市を標榜しても、他の都市が中心性、代表性を認めなければ世界都市とはいえない。

東京都は、第二次長期計画（1986年）で大都市、活気、内外の情報の結節点、職と住の均衡、一層の発展などの要素を挙げて「これこそ、名実ともに世界をリードする魅力ある国際都市、すなわち世界都市としての東京の姿である」と宣言している。ここでは、国際都市と世界都市の概念を区別していないことが興味深い。さらに第三次長期計画（1990）では「国際金融・情報等の世界都市機能」、『二〇一五年長期展望』（1994）では「東京はニューヨークやロンドンと並ぶ世界都市」とまで言っている。

この間、国も四全総（第四次全国総合開発計画・1987年）で、「世界都市機能が円滑に機能するよう東京圏の地域構造の改編を進めるとともに既存の集積を生かして関西圏、名古屋圏等において特色ある世界都市機能を分担」という表現で関西圏・名古屋圏を尊重しつつ東京の世界都市宣言を追認している。

しかし、日本のバブルが弾ける一方で、1990年にロンドンで開かれた世界都市に関する国際会議では、世界都市を国際経済の面だけではなく、生活の豊かさや雇用機会、そして人の住む空間という都市本来の立場から考える議論がなされている。

なお、それよりずっと後のことだが2004年青山ら訳『ロンドンプラン』（都市出版）は、世界都市（ワールドシティ）のことを、「国際的に成功したビジネス都市で、ロンドンに匹敵する都市は、ほかではニューヨークと東京の二つしかない。金融サービス、政府、ビジネス、高い教育水準、文化、観光などの幅広い指標によって評価される」と述べている。

私が生活文化局の課長を歴任していた1988年ころ、生活文化局はしきりに鈴木知事によばれ、博覧会開催案をつくるよう促された。当時の生活文化局は、大規模イベント計画に関する関係局会議を開催し、都市基盤整備の各種計画と整合するよう、働きかけを盛んに行った。

都庁各局は、博覧会を開催するには時期尚早、すなわち臨海部における公共交通機関の整備が間に合わないなどの理由で消極的な意見が強かったが、鈴木知事のブレーンであった外部の学識経験者が「建設中の都市を見せる、例のない先駆的な博覧会になる、場所があるのだから話は早い」など巧みな話術で鈴木知事をその気にさせているように私たちには見えた。

都議会の意向もあって、開催時期は当初の1994年から1996年に変更された。鈴木知事の4期目の任期は1995年までである。その結果、博覧会開催の是非が1995年知事選の争点となり、都市博中止を主張する青島都政が実現することになる。関係者は今日でも博覧会は開催すべきだったと考えているが、当時、都民はそれを支持しなかったこともまた事実である。

第五章

第13代

青島幸男

Aoshima Yukio
1932-2006

都知事在任

1995-1999年（1期）

写真=時事

選挙運動しないで都知事選挙に当選

青島幸男は日本のテレビ発展時代に放送作家の代表格で活躍し、作詞家として『スーダラ節』等のヒットがあり、テレビ俳優としても『意地悪ばあさん』を主演、『人間万事塞翁が丙午』で直木賞を受賞、参議院議員には5回当選するなど有名人で、1995年の都知事選に選挙運動らしい選挙運動をしないで当選した。

このときの相手候補は内閣官房副長官として7人の総理を支えた石原信雄が自民・自由連合・社会・公明の4党から推薦を受け鈴木俊一の後継として出馬したほか、大前研一、岩國哲人、上田哲など有力候補が並んでいたが、青島は鈴木俊一が推進した臨海副都心における世界都市博覧会の中止を訴えて当選した。

青島知事が当選してまもなく、高齢福祉部長だった私は植野副知事に呼ばれて、「青島知事は政策もないし、政策ブレーンもいないらしい。君が計画部長として助けてやってほしい」と人事異動の説明を受けた。青島知事とは最初の2年間は計画部長、後半の2年間は政策報道室理事として身近に仕えることになった。

青島幸男東京都知事が公約した、世界都市博中止を求めてデモ行進する東京都民（東京・新宿区）
写真＝時事

植野副知事からはまた、「国会議員の実力者は都政の困難な状況がわかっていない。都庁の幹部は永田町に出向いて積極的に説明したほうがいい。区市町村長に対しても都議会各会派に対しても同様だ」と指示されたことがある。

青島都政から石原都政の1期目を通じて財源獲得、鉄道新線建設、羽田空港の4本目の滑走路建設と国際化、土地収用法改正、首都移転阻止等、諸制度や料金の改定等、対外的総力戦の成果は枚挙に遑がないと思う。福祉や教育の分野をはじめ国の政策が硬直化し時代の変化や東京の実態に対応していない例も多いので、対外的な働きかけにより懸案を解決していく活力が都庁には必要となる。

都市博は中止したが臨海副都心の開発は推進

青島知事は就任1年後の1998年6月、イスタンブールに出張した。HABITAT（国連人間居住センター）及びWACLA（都市・自治体世界会議）に出席するためだ。会議出席もさることながら、世界都市博覧会を中止したことで、すでに参加のための準備を進めていた各都市に迷惑をかけたことについてお詫びの気持ちを直接伝えるという目的もあった。当時、お詫び行脚などとも言われた一連の旅行の仕上げである。メンバーは知事のほか、外務長、国際部長、外事課長などであり、国際交流の専門家以外では、計画部長であった私が、知事発言の補佐を担当するために随行した。

このころ、都政において最大の課題は、臨海副都心開発の見直しだった。青島知事の公約は「世界都市博覧会の中止と臨海副都心開発の徹底的見直し」だった。都市博は中止した。

臨海副都心を視察する青島幸男東京都知事（東京・台場）　写真＝時事

臨海副都心開発の見直しについては、「大幅縮小」か「内容は変えるが開発推進」かが最大の争点だった。

福川伸次座長・磯部力小委員長からなる臨海副都心開発懇談会は、この年4月に両論併記の報告を出していた。都市博の場合も関係者は多かったが、臨海開発ではさらに多くの関係者がすでに進出して事業を開始し、あるいは工事を開始している。都としては一刻も早く基本方針を決めなければならない。都庁では、土日も返上して連日、幹部が激しい議論を繰り返していた。

「大事な時期に知事が海外出張して、臨海開発の基本方針が決められるのか」という批判もあった。基本方針の発表は帰国の翌日とされていたのである。

そこで私には、会議における知事発言の補佐に加えて、知事と都庁の連絡役という役割も課されていた。私は何人かの最高幹部から「頼むよ。青ちゃん」と言われて出発した。今だったら、海外にいても書類のやりとりはメールで簡単にできる。しかし当時は、ファクスでやりとりした。私はイスタンブールに着くと、すぐにホテルのビジネス・センターにチップを渡して、ファクスが届くたび、すぐに知らせるよう依頼した。私の部屋にはファクスの設備はなかった。

都庁からは毎日何回もファクスが届いた。時差の関係で、夜中に届くことが多い。私は朝になると知事に都庁の検討状況をまとめて説明した。知事の反応は一貫して変わらなかった。「内容は変えるが開発自体は推進する」というものである。私はそれを都庁に伝えた。しかし都庁側は、なかなか信じないようだった。「大丈夫なのか」と言われた。

私は、「知事は羽田と同じだよ、と言っているから、まちがいないですよ」と応じた。知事は、羽田空港国際化論だった。「羽田を国際化すれば、東京はさらによくなる」と主張していた。その後のことだが、青島知事は亀井静香代議士（当時、運輸大臣から建設大臣）に面会して羽田の国際化について協力要請したりしている。羽田にかける思いと同じなのだから、臨海開発についても知事の考えは開発推進で決まっている。

私は知事に対して率直に「都庁側は、知事の考えが変わらないか、本当に開発推進なのか、心配していますよ」と伝えた。知事は「臨海はきっといいまちになると思うよ」と答えた。

これを都庁に伝えると、「知事の考えを自筆の文書にしてファクスにして送ってくれ」と言われた。都市博中止決定後の都庁は、そんな雰囲気だったのだ。しかし、まさか、いくらなんでも、そうは知事に言えない。

そこで、夜、臨海開発方針の要点を書いたメモを青島知事に渡して「明朝までに、この方針に対する知事の指示をメモでください」とお願いした。翌朝、知事からは「都民参加をもっと強く」など4項目のメモをいただいた。それを都庁にファクスで送ってようやく信じてもらった。

再選を意識して大向こう受けを狙うならほかの選択肢もありえたのだ。あのときの知事の対応を振り返ると、再選出馬は考えていなかったとも考えられる。

『とうきょうプラン95』と『生活都市東京構想』

青島知事は当選した1995年に早くも『とうきょうプラン95』という3カ年計画を策定した。急いだ理由は、選挙公約が、「都市博中止」以外、具体的なものがなく、1200万都民と巨大組織である都庁に対して都政運営の基本指針を早急に示す必要があったからだ。そのため計画事業も252件と、多くなった。そのうち新規・一部新規・レベルアップの事業が計147件と過半数を超えたのは、その前の鈴木都政時代が16年と長かったため、各部門が満を持していたためという見方もある。

内容的には、「生活都市」「生活者の視点」「開かれた都政」など新しい理念を示した。いわゆるハコモノ建設計画の大幅見直しを行う一方、羽田空港の国際化・圏央道や外環道の建設・都心の活性化など、交通ネットワークと都市構造の転換を積極的に盛り込んだ。

青島都政は続いて1997年、10カ年の基本構想として『生活都市東京構想』を策定した。ここでは成熟社会の到来を前提として、人口減少をもにらみ、「都民の生活・守り、支え、豊かにする」ための100の重点事業を示した。「生活都市東京のゆとりと豊かさのイメージ」として、たとえば鉄道混雑率187%→167%、企業の障害者雇用率1・24%→1・6%といった一種のアウトカム指標を30件示した。

一方で3カ年計画のローリング方式は踏襲し、『生活都市東京の創造・重点計画』（1997年）、『生活都市東京の展開・改訂重点計画』（1998年）をそれぞれ3カ年計画として策定している。

しかしこれらの計画のほとんどは青島知事の元では実施されることなく、次の石原都政の時代に動きだしていくことになる。

この時の構想における都市像を示すキーワードは生活都市である。生活都市という言葉は、これまでの、世界都市をめぐる議論の流れを端的に受け止めた言葉でもある。1990年にロンドンで開かれた世界都市に関する国際会議で行われた、世界都市を「生活の豊かさや雇用機会、そして人の住む空間」という議論からすれば、それを世界都市と呼ぶより生活都市と呼んだほうが適切だと考えたのである。

こうして東京都が1995年に策定した『とうきょうプラン95』は「生活都市東京をめざして」という副題をつけた。続いて1997年に策定した長期計画は『生活都市東京構想』

と名づけた。

この場合の「生活」とは、いわゆる「ナベカマ」（鍋や釜、すなわち台所）だけを意味するのではなく、働き、学び、楽しむことすべてを対象としている。そこでこの計画は、「生活を守り、支え、豊かにする」ことを目標とした。生活を支えるためには、活力ある産業を振興し、均衡のとれた都市づくりを実施、都民生活を支える都市基盤を整備する事業を展開することになる。

だから、この計画では、従来の都の計画では慎重に扱われていた都心部の整備や新たな空港整備など、都市構造対策に積極的に取り組むことにしている。

ひところ、大前研一氏が「生活者の反乱」を唱えて、中堅所得層のビジネスマンやＯＬの社会経済的立場を積極的に代弁していたが、この東京都の生活都市構想も、同じように、生活者を積極的に働き行動し発言する都民像としてとらえていることが特徴的だ。

さらに、この計画では、鈴木知事時代の計画が「ハコモノ」（美術館、ホールなど）に積極的だったのに対し、これらの計画をほとんど中止してしまった。世界都市から生活都市への変化には、そういう側面もある。

都政史的には、戦後都政史のキーワードは、安井都政「戦後復興」、東都政「オリンピック」、美濃部都政「反公害・住民参加」、鈴木都政「臨海・庁舎移転」だった。青島都政は「生活都市」となった。なお宮沢内閣は1992年に「生活大国」を標榜していた。

都民の審判を回避

青島さんが亡くなったとき、私は新聞社の取材に対して「1期4年間でやめたと自分で任期を決めずに、立候補して都民の審判を仰ぐべきだったと今も思う」と答えてそのとおり正確に新聞に掲載された。ところがこの談話を読んだ自民党の早坂義弘都議会議員から「青島さんにもう1期やってほしかったのですか」と問われて、自分の表現が未熟だったことがわかった。私は青島さんに続けてほしいとかやめてほしいとか言う立場ではない。青島さんが決めるべきでもない。都民が決めるべきだと思う。

都庁の職員が知事や議員を敬うのは、もちろんその人格識見を敬うのだが、それに加え

詰めかけた報道陣を前に東京都知事選挙に再選不出馬を表明する青島幸男都知事（東京・中野区の中野ブロードウェイコーポ）　写真＝時事

て、彼らが4年ごとに選挙の洗礼を受けているからだ。職員は都民の公僕だから、都民が選んだ知事や議員を敬うのは当然だ。職員は選ぶ立場ではなく、都民が選んだ人に誠心誠意、仕える立場だ。そう思っている。ところが、知事が1期だけで引退してしまっては、都民がその実績を審判できないではないか。私はそれが残念だったのである。2期やるべきかどうかについての判断を私はしていない。それにしても、再選不出馬は意外だった。

1999年2月1日、1期目の任期満了が近づいたころに青島知事が中野ブロードウェィの会議室で記者会見を行ったとき、誰もが再選出馬表明を行うのだと思っていた。新聞、雑誌、テレビいずれも事前に再選出馬の観測を流していた。特別秘書の辺見広明さんは、再選出馬にあたっての「私の決意」と「青島都政の主な実績」を用意していた。前年の5月に出版した『ドーンと都政じわじわ革命』（ぎょうせい）という本も再出馬に向けた準備と受け取られていた。

しかし青島知事の口から出たのは、「出馬しないことに決めました」というものだった。健康状態は悪くなかった。本人もたびたび、「知事になってから規則正しい生活をしていて、風邪ひとつ引かない」と語っている。新年の職員に対する挨拶では、「気力、体力ともに充実している」と言っている。

1999年の都知事選に各界の錚々たるメンバーが続々と立候補表明したのは、青島不出馬宣言がなされたあとであって、この時点では有力な対抗馬はないとみられていた。青島都政の4年間については、世界都市博覧会中止以外には目立った実績はなかったが、一方これといったスキャンダルもなく、再選への流れは静かにできあがりつつある状況だった。

青島知事が、自分の身の振り方について家族会議で決めるということは、よく知られている。正確には、会議というより、自分が一方的に考えを話して、家族がそれに対してコメントするという雰囲気らしい。青島知事自身から「おれがしゃべっているのに家内があくびすることがある」と聞いたことがある。あくびを非難しているのではなく、反応をはかっているのだから、それもひとつの答えであると受け取っているようだった。再出馬しないことについても、直前に家族に語っただけで、基本的には一人で決めたようだ。

率直に言って、私は不出馬宣言には失望した。政治家なのだから、1期目の都政について、都民の審判を受けるべきだと考えていたからだ。

青島知事は、再選不出馬をいつ、決めたのだろうか。後知恵だが、最初から決めていたと考えると、辻褄が合うことがいくつもある。ひとつは、1回目の知事選挙で対立候補の1人だった大前研一氏に「1期目はおれがやるから次は政策をもっているお前がやれ」と言っていたことだ。第2に、もともと反権力、無党派を標榜してきた人である。知事に当選してしまったから1期4年は務めるほかないが、それ以上知事の座にとどまる理由はまったくなかったのだ。本当は当選するとは思っていなかったのだが、意地でもそうは言えないだろう。おそらく、4年間は、我慢して務めたに違いない。

青島さんの葬儀のとき、お通夜の晩は土砂降りの雨だったが、告別式は快晴だった。もし無人島で二人だけで暮らすことになった場合、青島さんだったら手間がかからないだろうなと私は思った。自分のことはけっこう自分でやる人だった。

第六章

第14、15、16、17代

石原慎太郎

Ishihara Shintaro
1932-

都知事在任

1999-2012年(4期)

写真=時事

都知事選挙史上最大の激戦を制す

１９９９年、青島都知事が突然の再選不出馬表明をしたあとの都知事選挙は有力候補が乱立し、有効投票の25％を獲得する候補がいなくて再選挙となる可能性も取り沙汰されたが、いわゆる後出しジャンケンすなわち最後に立候補宣言した石原慎太郎氏が30％以上を獲得し当選した。

鳩山邦夫、舛添要一、明石康、三上満、柿沢弘治ら有力候補が出そろった、都知事選挙では戦後最大の激戦のなかでの当選であり、勝因については色々な説があるが、私は、「はっきりＹＥＳ、はっきりＮＯ」という呼びかけに象徴される、今までの政治家にはない鮮明なイメージが、他の候補者との差別化に成功した原因だと思う。

都内全戸に配布される知事選挙公報では、石原氏は、

●借金漬けの財政にＮＯ
●都が主導の債権市場にＹＥＳ
●命が守れない危機管理にＮＯ

●新しい道徳教育にYES
●福祉に立ちはだかる規制にNO
●ごみの夜間収拾にYES
●横田基地にNO

と、具体的にYES、NOを示したのである。個々の政策に対する賛否は別として、このYES、NOとをはっきりさせる作戦は効果的だった。

私はそのとき、政策報道室理事だった。都庁の政策全般を掌理する立場だから、選挙中から各候補の政策を収集分析していたが、石原知事の政策のなかに、実現しそうもない、あるいは都庁が取り組むべきではない政策があることについては認識はしていたが、あまり心配はしなかった。知事になってしまえば行政の長だから、それなりの軌道修正がなされるだろうと思っていた。

石原知事は、当選後、就任前に、政策報道室長や総務局長、財務局長らの話を精力的に聞いた。就任直後も含めて、数十人の都庁幹部の話を直接聞いた。就任の際の都庁職員に対する挨拶で石原知事は、就任前に都庁側が行った知事へのブリーフィングに危機感がなかったことを指摘し、都庁内で年功序列を超えた議論を行うよう求めた。そして議論の過程で出た異論や少数意見、あるいは何がネックとなっているか等についても自分に伝えてほしいと注文した。

私自身が知事に対して行った初のブリーフィングは、1999年5月10日に開催される臨時都議会における知事の挨拶文についてだった。「ラフ・スケッチです」と案を示すと石原知事は、「俺に、役人の書いたものを棒読みしろと言うのか」と言った。私は、「棒読みではなく、きちんと読んでください」と言って、さらに「これは、知事のおっしゃったことを口述筆記したものという考え方ですから、役人の書いたものではないのです」と付け加えた。

その後、臨時都議会の当日、石原知事は「所信表明」にあたり、原稿通り、読んだ。これに対して、「(役人の書いた)原稿は読まないんじゃなかったのか」議場から野次が飛んだ。石原知事は、すかさず野次を飛ばした議員のところを見て、「これは、私が口述したものを事務方が筆記したものです」と言い返した。この辺から、石原知事と私たち都庁職員との協力関係が成立したように思う。なおこの臨時都議会で、私は、多少難産だったが、副知事選任を承認された。

福永正通氏（当時は清掃局長）の副知事人事、佐々木克己氏（当時は政策報道室長）の出納長人事は同じ都議会ですんなり認められた。浜渦武生氏の副知事人事は都議会から認められず、浜渦氏は都議会の承認を必要としない特別秘書に就いた。浜渦氏の副知事就任が認められたのはそれから約1年後のことである。

議論好きだった1期目

私が副知事に就任したのは1999年5月12日、ちょうどその日の産経新聞朝刊に私の論説が掲載された。「都知事選をどう受け止めるか」という問いに答えたものだ。見出しは当初、「都民から突きつけられた刃・メディアの退廃を痛感」だったが、最終版では「都民から突きつけられた刃・変身求められる自治体職員」に変わった。内容の骨子は、「わが国は明治以来80年、そして戦後50年、欧米を目標にがんばって来たが、今は何を目指すのか、よく吟味する必要がある」という問題意識から「今の日本で最も緊急に改革すべきは、行政と金融とメディアではないか」と結論づけたものである。

なぜメディアの退廃かというと、都知事選挙の過程で、メディアが各候補について「誰が出る・出ない」報道ばかりに加熱して、候補の政策の内容に関する分析や、候補者の可能性についての情報収集・提供がほとんどなかったからである。そればかりか、一部の候補者が公約と称して唱える「都庁の職員を何千人減らす」などという根拠もない、迎合的な説を無批判に垂れ流ししていたからである。

その日、石原知事は会議室に入ってくるなり、私に対して「青山さんの論文は痛快だな」と声をかけてきた。「迷惑ですか」と聞くと、「俺は人が書くことをとやかく言わないが、メディアから反発買って、大変だぞ」という答えが返ってきた。私はその後も自由に自分の説を書いたり話したりしたが、石原知事からとやかく言われたことはなかった。石原知事は右翼であると誤解している人がいるが、そういう意味でいうとリベラリストというのが当たっていると思う。

人からは、「石原さんは強力なリーダーシップの持ち主だから、副知事として仕えるのは大変でしょう」と言われる。

しかし、リーダーシップのパターンを、

- 放任的リーダーシップ
- 民主的リーダーシップ
- 独裁的リーダーシップ

の三つに分けた場合、石原さんは間違いなく、独裁的ではなく、民主的だ。議論を好む。それ以来4年間に「知事、それは違います」と言って、怒られた記憶はない。私たち同士で議論が始まると、「もっとやれ」と喜ぶタイプだ。自分でも、「聞く耳はもっているつもりだ」としばしば、言っている。

ただし、高圧的な物の言い方や官僚的な考え方に対しては、怒りが爆発することがある。また、正義感が人一倍強いから、たとえ誤報であっても、「あの人がこんな間違ったことをしています」という話を聞くと「とんでもない奴だ」と怒る。

石原知事が就任して間もない都議会の本会議で、石原知事が政治的立場について発言したなかで、「国会レベルで政党の存在理由が希薄になった」という文脈で「社会党（社民党）は消えた」という趣旨の発言をした。これに対して議場から藤田十四三都議が立ち上がって

「たった一人だけどここに残っているぞ」という趣旨の野次を飛ばした。石原知事はギョッとした顔をして藤田都議のほうを見て事態を飲み込んだらしく「それは失礼した」と素直に謝った。

そして翌日、一般質問の中で藤田都議が「私は区議4期、都議5期と旧社会党、社民党公認として連続当選、現役の議員です」と質問したのに対して石原知事は「私の不明から、かつての社会党の栄光を議員が一人で背負われ、孤軍奮闘されているのを知らなかった」と素直に謝った。

藤田都議の「よく調べ、よく考えて発言するように」という追い討ちに対しても「ないがしろにはできません」とひたすら謝った。

その後、石原知事は藤田都議が開いた地元北区における「藤田十四三を囲む新春の集い」に異例の出席をして、聴衆に対してこのやりとりを自ら披露して「人間はこういう蹉跌が入ると急に親しくなる」と発言し、その後も交遊を深め、都議会の本会議が終わったあともよく立ち話をしていた。

私たちはこういう光景を見ているから、少なくとも私がいた石原都政1期目は石原知事を独裁者とは思わず、率直な意見を言うことができた。

私はもちろん、知事を支える立場だから、意見具申はするが、最後の決定は知事に従った。知事と意見が違ったことはほとんどなかった。特に任期前半ではなかった。

しかし、都庁職員一本で生きてきた自分と、政治家石原氏との間で、すべて意見が一致することはありえない。行政実務は、局地戦で激しい世論の指弾を浴びても、全体の流れとしてそれが必要であり、多数決の手続きを経ていれば、あるいは議会の同意を得られる見通しがあれば、あくまでも突っ込んで行く。一時的に非難を浴びるのも行政の役割のうちだ。自分の世代が基礎をつくっておけば、たとえ自分は戦死しても組織が受け継いで、次の世代がその制度なり都市施設なりを完成させる。そういう確信がある。しかし政治家は、違う。そのときの世論を読む。世論こそ政治家の力の源泉だ。世論の極致が選挙だ。意識せざるを得ない。両者の間には越えられない溝がある。この現実を認識せず政治家にただ服従するだけの職員がその政治家をも危くし、都政を腐敗させる。

羽田空港4本目の滑走路建設と国際化を推進

羽田空港4本目の滑走路と国際線は、現在では誰もが当たり前のこととして利用しているが、実現するまでの長い間、都政にとって重い課題だった。

もともと、「成田は国際、羽田は国内」という仕分けができたのは、成田空港がオープンした1978年のことである。それ以来、「国際空港ということで、成田の人たちが多大の犠牲を払ったのだから」ということもあって、この区分は絶対視されてきた時代が長かった。

1998年1月に私が高橋寿夫氏とテレビの衛星放送で「羽田国際空港は可能か?」というディベートを行ったときには、その直後に高橋氏の自宅が過激派に襲われたほどだ。警察の人は私に「かつて運輸省の航空局長を務めた高橋氏が羽田の国際化に言及するとはけしからん、というのが過激派の言い分」と説明した。

しかし、成田空港がオープンした頃に比べると、日本の航空需要は大幅に拡大した。しかも、羽田空港の沖合展開事業も進行して、特に新C滑走路が完成して24時間運用が可能となった。このため、東京都は、羽田空港の国際化の必要性を強く意識するようになった。青島都政の時代には、『とうきょうプラン95』（1995年11月）や『生活都市東京構想』（1997年2月）で公式の計画書の中に羽田空港の国際化の必要性を盛り込むようになった。

ちょうどその頃たまたま、地元の羽田神社の神輿《みこし》がハワイのアロハ・フェスティバルに参加することになって、「羽田から行かせてもらおうじゃないか」という運動に発展した。海外から日本を訪問するVIP（政府要人）や日本の政府専用機は羽田を使っているのだから、羽田のまちの人たちがそう思うのは当然だ。

このとき東京から出ている深谷隆司代議士（当時）が自民党の政調会長を務めていて、「そこに滑走路があるのに、なんで羽田の神輿が羽田から行けないんだ」と激しく強く運輸省（当時）と折衝して、羽田からハワイに行けることになった。

当時都庁の政策報道室理事だった私は運輸省から、「今回限りですよ」という条件をつけられていた。しかし、関係者は内心、「これを突破口として羽田国際化の道が開ける」と思っていた。

そういう状況下で、石原都政はスタートした。当然、私たちは（石原知事は羽田の国際化に積極的だろう）と思った。しかし、そうは簡単に問屋が卸さなかった。

石原知事が当選してしばらく経った平成11年8月19日、知事は、大学時代の友人から「東京湾の奥（湾奥案と呼ばれる）に4000メートル滑走路を4本もつ新空港を建設」しようとする構想の説明を受けていた。これについて石原知事は、「これからはスーパーソニック（超音速）旅客機が飛ぶ時代だから（こういう長い滑走路をもつ空港が必要だ）」などとコメントした。しかしこの案は現実的でない。そもそも東京湾の奥にそんな土地やスペースがない。非現実的な案である。しかしこの案を推進する人たちはなぜか積極的に各方面に働きかけていた。

私たちは、知事がこの新空港案に傾くのではないかと心配した。しかし、知事は、この新空港案だと巨大な事業費を要すること、また既存の羽田空港が使用不能になることなどを理解していて、精力的に羽田の国際化に向けて動いた。平成12年9月には、森首相（当時）に対して、羽田の国際化を正式に要請するに至った。

成田空港の2本目の滑走路が暫定とはいえ運用開始されたことを受けて、平成13年2月からは、羽田空港でも夜間に限って、民間の国際チャーター便が認められるようになった。このチャーター便は、当初は月10便程度しか飛ばなかったが、その後、月に150便くらい飛ぶようになり、名前はチャーター便だが頻繁に飛んだ。需要はあるのだ。また、2002年5月には、都議会日中議員連盟が動いて、昼間のチャーター便を、羽田から北京に飛ばした。40人を超える各党の都議会議員と200人を超える区市町村議会議員が超党派でこれに参加した。都庁からも私たち数人の幹部が、休暇と自費で参加した。

羽田の国際化を推進するため私たちは早くから、4本目の滑走路をつくることを検討していた。私は最初、「東京湾の第一航路（羽田空港と新海面処分場の間を通る航路）はどうしても必要なのか」と言っていた時期がある。しかし、港湾局の担当者たちは、「第一航路を潰すと、大井のコンテナ埠頭が使えなくなります」と言う。

大井のコンテナ埠頭は、以前、八つのバース（バースは船舶が停泊して荷物を揚げ降ろしする施設）があった。コンテナ船が大型化してきたので、それに対応するため、これを七バースに減らし、各バースの規模を大きくして大型コンテナ船に対応できるようにした。

「大型コンテナ船のバースは、横浜に譲ればいいじゃないか」私はそう言ったのだが、調べてみると、東京港に揚げていたコンテナを横浜に移して、それを車で東京や埼玉・山梨に運ぶためには、横浜・東京間にもう一本高速道路をつくらなければさばけない。しかも、日本の工業が中国などアジアでモノを生産・加工する傾向はますます強まっているため、コンテナ埠頭の需要は長期的に見ても今後ますます増えていくことがわかった。

そこで、第一航路を潰すことは断念して、私たちは、第一航路を生かしたまま、これに平行して4本目の滑走路をつくる案を考えた。しかも、工期を短縮するため、埋め立てではなく、橋や桟橋のように、骨組みの柱で滑走路を支える方式を考えた。

「桟橋方式です」と知事に説明したのは、平成12年夏のことだ。知事は、一目見て、「いいじゃないか」と言った。「じゃあ、これで、運輸省に持ち込みます。来年度の国の予算に反映してもらう必要があります」と言うと、「ちょっと待て」と言って、珍しく、少し考え込んだ。そして「うーん。誰のところにもっていくか。いずれにしろ、俺に任せろ」と言った。

しかしそれから2か月以上、知事はこの問題に触れなかった。担当者は、「知事に催促してください。国の予算編成が終わってしまいます」と言ったが、私は、「知事が待てと言ったんだから、待とう」と言った。

10月に入ったころ知事から、「あのときの図面を4枚くらい、よこせ」と指示があり知事は自民党の亀井政調会長のところにもっていって、亀井政調会長が運輸省に強く交渉、その後、運輸省側から、多摩川河口に4本目の滑走路をつくる案が提示され、その案で羽田空港の再拡張が進み始めた。

そこまではよかったのだが、2002年の暮れ、突然、知事が記者会見で「青山さんが勝手なことをやっている。彼は責任取れるのかね」と言い出した。この4本目の滑走路を建設する事業費の負担問題をめぐって国土交通省と東京都・関係県市と話し合いをしていたのだが、それに不満があったと、あとで聞いた。このため4本目の滑走路着工はいったん延期になったが、その後再開され、石原知事の時代に着工され、2010年10月に完成し、羽田空港は名実共に国際化された。

ディーゼル車の排ガス規制

ディーゼル車の排ガス規制は、本来、国が行わなければならない規制を首都圏の一都三県が連携して実施したものであり、「東京から日本を変える」という石原都政の姿勢を最も鮮明に示した政策となった。

この政策は、知事選挙の公報に掲載された公約にはなかったが、選挙中の知事のテレビや街頭での発言や、各種アンケートに対する回答などの中では、「排ガス規制を守らない自動車の走行は禁止すべきだ」などと、法的規制を目指す姿勢を強調していた。

立候補会見では、「現代の技術をもってすればわずかなコスト負担でディーゼル・エンジンからの排気をガソリン車なみに抑制することは可能であり、新しい都の条例によって向こう3年の時限を切り、以後排気ガス抑制の規格に合わぬ車の運行は禁止します」と具体的に述べている。

そして就任後の1999年8月18日、石原知事は江東区新砂の東京都環境科学研究所を視察した。これは美濃部亮吉元知事のつくった研究所だ。当初は公害研究所と称して、「反公害の美濃部」の象徴でもあった。知事はもちろんそのことを意識していて、所員との懇談の席で、「美濃部知事には功罪両方あるが、この研究所は功のほうだ」と言って、所員を喜ばせた。

美濃部都政は、「広場と青空の東京構想」という都市構想を残した。広場は住民参加を、そして青空は反公害を象徴する。美濃部都政が反公害を旗印にしたのは、けっして個人的な興味や関心からではない。時代がそれを求めていた。美濃部都政の前の東都政は昭和39年（1964）の東京オリンピックのため、突貫工事で環七をつくった。幅わずか25メートルをびっしりと四車線が占めて、巨大なトラックが走り続ける産業道路だ。歩道は平均2メートル余、民家の軒先をかすめてダンプが走る危険な公害道路だ。おかげで「道路といえば公害」という観念がすっかり都民に定着した。

美濃部都政の反公害行政と石原都政の環境行政との違いは、道路を敵視しているかどうかだ。この点で決定的に違う。美濃部都政は、無理につくった道路によって公害がもたらされている点に着目して、道路建設には消極的だった。外環の建設凍結を促したのも、そういう姿勢の反映だった。しかし、通過交通を排除しない限り、環七公害は解消しない。

平成14年12月24日、東京都は東京地裁における東京大気汚染公害（第二次）訴訟における意見陳述で、「東京の大気汚染の根本的な原因は、国の排出ガス規制の怠慢である。3環状道路（圏央道、外環、首都高速中央環状線）など道路ネットワークの整備は、大気汚染の改善のためにも必要である」と述べた。すなわち、東京都は、第一次訴訟の判決（国や都が敗訴。住民側の損害賠償請求を認めた）に対して控訴しなかったが、それは、「これ以上訴訟を継続して結論を先送りしない」という考え方で、「国が大気汚染をここまで放置した責任を自ら認めるべき」という立場から控訴しなかったのであり、「道路不要論」に立つわけではない。このことを、第二次訴訟でも東京都は主張している。

石原知事は環境研究所の視察で、黒いススの入ったペットボトルに注目した。ディーゼル・エンジンで使う軽油は、ガソリンに比べて発火点が高い。だから、エンジンを始動するときなど、熱で炭素が分離し、それが黒煙となって排出される。この微粒子が、喘息《ぜんそく》や肺がんの遠因となる浮遊性粒子物質（ＳＰＭ）となる。「これだ！」と言って知事は以後、このペットボトルを持ち歩くようになった。これは職員からの提案ではない。石原知事自身が、視察後、都庁に帰ってから「あの、煤が入ったペットボトルをもらってきてくれ」と要求したものである。

「こういうススが、ディーゼルから排出されるんだ。こういうススを出すバスやトラックが、都内を1日50万台以上、走り回っている。これで毎日、人がバタバタ死んでいる。それなのに、政府はなぜ、ディーゼルを規制しないいんだ。国がやらないなら東京都がやる」と声を張り上げると、誰も抵抗できない。「いや、ディーゼルは、ガソリンに比べてCO（一酸化炭素）の排出は少ない。一長一短なのです」なんて声はかき消されてしまった。北海産の原油を使うヨーロッパでは、ディーゼル車の燃料となる軽油の硫黄分も、中東産を使う日本に比べて少

日本外国特派員協会で講演し、ディーゼル排気のススを詰めた瓶を手に環境汚染問題を語る石原慎太郎東京都知事（東京・有楽町）　写真＝時事

ない。加えて日本では、税金のかからない重油を軽油に混ぜて使う「不正軽油」が横行している。東京都では、不正軽油に対して、税務行政面からの規制を強化したが、これらのことから、東京都はディーゼル規制に踏み切った。

知事は、1999年11月30日、ディーゼル車メーカー七社の代表を都庁に招き、「都民の命を助けてください」と切り出した。この頃から、黒い煤の入ったペットボトルを振り回して、あるいは演壇に振りまいて「これで人がバタバタ死んでいる」という知事の姿がお馴染みの光景となった。

ディーゼルはNOx（窒素酸化物）も多く排出し、これも深刻な大気汚染を引き起こす公害源だが、その種の百の説明より、何よりも雄弁に、ディーゼルの黒い排煙こそ、人々の嫌悪の対象となっている。このペットボトルの破壊力は凄《すご》かった。

東京都は2000年12月の都議会で条例を全面改正し、2003年10月から、基準を満たさないディーゼル車の都内走行を禁止した。違反者に対しては、最高50万円の罰金が刑罰として科せられる。

東京都が条例による規制に踏み切った結果、事業者は、低公害車や最新規制適合車への買い換えか、またはPM（粒子状物質）減少装置の装着のどちらかを必要とすることになった。埼玉県、千葉県、神奈川県もこれとほぼ同様の規制を行うことになり、一都三県の足並みが揃った。

3 環状道路の建設推進

自動車業界等の反対は強く激しかったが、決め手となったのは、また、世論の支持の背景には、東京都が単に排ガス規制だけを唱えるのではなく、道路渋滞の原因を取り除くため首都圏の環状道路の整備を強く主張するなど政策のバランスに強く配慮していたこともあった。

外側から順に圏央道、外環、首都高中央環状線の、いわゆる3環状道路の建設促進による関東地方諸都市のネットワーク形成は、東京都に限らず神奈川、埼玉、千葉3県の経済的社会的連携と発展に大きな影響がある。これらによりディーゼル排ガス規制の1都3県の連携が成立した。

ロンドンやニューヨークに比べた東京の強みは、関東平野の巨大かつ濃密な都市圏が有機的に形成され、それぞれ特色ある地域が互いに補完しあいながら機能していることである。

私は就任直後、知事から、「新宿のトンネルみたいに、目に見えて渋滞が解消する方法はないのか」と聞かれた。「新宿のトンネルって、御苑トンネルのことですか」「駅のところから行くやつだ。御苑トンネルって言うのか。あれは便利だぞ」

御苑トンネルは、1991年にできた。甲州街道から新宿駅南口の陸橋を通って都心に入るのに、御苑沿いの道路の渋滞が激しいので、バイパスとしてトンネルを掘った。工事に530億円かかった。一日4万3千台の車が利用する。ドライバーの人件費やガソリン代などが年間約100億円節約される。社会的コストで考えれば5年ちょっとで元が取れる工事だ。

「その種のものでは、環八の西武新宿線の踏切を解消する井荻トンネル、これはもうできています。環七の終点の城南島から臨海副都心に行く臨海トンネル、これはレインボー・ブリッジの渋滞を解消します。もうすぐ完成です」「ほかに、これというのはないのか」率直に言って、そのクラスの渋滞解消だったら、実務レベルの話だ。知事には、もっと大きなことをやってもらわなければならない。「外環（東京外郭環状道路）ですよ。埼玉はできていて、関越・常磐・東北という三つの高速道路を束ねています。東京が外環をつくれば、これらの高速道路と中央・東名（高速道路）が結ばれます」

外環なら、一日10万台以上の車が利用する。知事にふさわしい話だ。

「うん。あれなら知っている。30年以上、凍結されているんだ。美濃部都政のときだな」「地元の練馬から、建設促進の機運が盛り上がっています」「本当か」「埼玉外環ができて、関越から練馬に降りる車が一日1万2500台も減りました。東京外環ができれば、さらに車が少なくなります」

そんな問答を経て知事は、扇建設大臣（当時）と1999年10月、建設予定の現地を視察した。当日、私は先に現地に行った。すると、60歳代とおぼしき大勢の女性群から、「あなたたち、都庁の人？」と聞かれた。「そうですよ」と答えると、「今日、石原さん、本当に来るんでしょうね」と念を押された。「まちがいなく、来ますよ」と言うと、「よかった。私たち、昔から裕ちゃんのファンなのよ」と言われた。

私は、「いや、裕次郎ではなく、慎太郎なんだけど」と言おうとして、ハッとした。彼女たちは、イメージを重ねているのだ。思い起こせば、出馬会見のときに冒頭、知事が「裕次郎の兄です」と冗談を言ったのは、知事自身がこういう現象を知っていたからなのだ。

それは余談として、外環については知事が、「(既定計画の)高架ではなく、地下、それも大深度」という方針を打ち出して、計画は進み出した。

山手トンネルについては、石原知事就任時に「俺は、自分が生きている間にできない事業に予算はつけない」と言われた。私たちは「山手トンネルは、知事が生きている間にできます」と応じた。「お前たちの言うことは信用できない」と言われたが、山手トンネルは2015年に完成した。新宿から羽田空港まで30分足らずで行くようになり東京の都市構造が変わった。石原さんはまだ生きているから、私たちは約束を守ったわけである。

京浜急行蒲田付近の連続立体交差化

羽田空港へ行く京浜急行羽田線は、第一京浜国道を横切っている。正月の箱根駅伝の選手がここで足踏みする光景が毎年見られていた。この踏切はラッシュ時には1時間に20分しか開かない。

第一京浜国道は、このすぐ近くで環八と平面交差する。環八はすぐそばで京浜急行本線と平面交差する。こちらの踏切も1時間に20分しか開いていない。

京浜急行の本線と羽田線を高架化して、この付近一帯にある踏切を解消することは悲願だった。羽田空港の沖合展開したC滑走路の運用も始まり、羽田空港国際化の動きも加速するなど機が熟したため、京浜急行立体交差化の計画も進んできた。

そういう流れの中で、森喜朗首相（当時）がこれらの踏切を視察することになった。「2月1日、首相が現地を視察します」との連絡を政府から受けたのは、3日前だった。その連絡を受けた日、知事はスイスのダボスから日本に帰ってくる日だった。世界経済フォーラムが主催する、世界で活躍する人たちが知的交流をはかる会議に参加したのだ。森首相も参加していたが、先に帰ってきていた。

私は、成田空港に電話して知事一行と連絡をとった。急なことではあったが、知事も帰国後の日程を変えて首相の視察に対応することが決まった。当日、激しく冷たい雨が降ったが、森首相も知事も、雨に濡れながら、踏切で渋滞する道を歩いた。

知事は待ち合わせの蒲田警察に到着したとき、私に、「首相は何しに来るんだ」と聞いた。私は説明してから、「事業の前倒しの約束をしてもらってください」とお願いした。

私が踏切の側の空き地で連続立体交差化計画をパネルで説明すると、知事は、「羽田の国際化が進むから、交通量はもっと増えるよ。立体化は国のためだ」と大きな声をだした。森首相も、「私も以前、ここで渋滞に巻き込まれて飛行機に乗り遅れたことがある」と応じた。「首相が飛行機に乗り遅れたら大変だ」「首相になる前のことだけどね」というやりとりを経て、「計画を前倒しして、早くやろう」「前倒しでやりましょう」「みんな、総理が前倒しと言ったぞ。万歳!」と石原知事が発言して、結論が出た。この事業は２０１４年にほぼ完成した。

都心の機能更新のため都市再生法が成立

都市は人口やビジネスが密になると道路が渋滞し鉄道が混雑するなど数々の問題点をもっているが、それでも都市が「密」であることは大切だ。シリコンバレーはコンピュータや情報関係の企業・専門家が「密」に集まっているからこそ価値がある。パリのサント・ノレは一流ファッション店とハイセンスの人々が「密」に集まっているからこそサント・ノレなのだ。センスを磨くこともできるし、流行を発信することもできる。北イタリアのミラノも同様だ。ニューヨークの金融街もそうだ。

東京は、1923年（関東大震災）、1945年（敗戦）、1964年（東京オリンピック）と、20世紀にほぼ20年ごとに大改造を行ってきた。鈴木都政時代は多心型都市構造を標榜し、新宿や臨海など副都心育成に力を入れてきた。石原都政は都市をどう改造すべきか。私たちは石原都政の初期、このテーマについて知事と議論を重ねた。

一つは、工業化時代、金融資本時代を経て、情報社会が到来している。IT（情報技術）革命によって、情報は、瞬時に大量に流通するようになった。重要なのは、人間の知的営為のもつ価値が飛躍的に増大したことだ。工業化時代から金融資本時代への移行過程では、都市のオフィスビルは本社機能、金融機能を処理する場所だった。そして情報化時代に対応してオフィスビルは、情報の交流と受発信、そして富を生み出す知的活動の拠点へと変身しつつある。

二つ目は、日本に成熟社会が到来したことだ。成熟社会では、人々が「生活の質的豊かさ」への志向をより強めていく。人々の価値観が物質的豊かさから生活の質の豊かさに重点を移していく。質的豊かさのためにお金を使うようになる。時間を大切にするから都心居住も促進される。オフィス街自体も、オフィス機能への純化を追求した時代から、そこで働く人のためのレストラン・買い物・文化・アミューズメント・リラクセーションなど、楽しみや快適さを付加したまちづくりをしていく時代へと転換していく。そういう認識から私たちは、東京では都心の活性化が最重要課題だと考えていた。

鈴木都政の時代には、都庁の新宿移転や臨海副都心の開発を軸に、「都心一点集中から多心型都市構造へ」という考え方が公的な都市構造の基本方針とされていた。これらのプロジェクトが一段落して、青島都政時代の『とうきょうプラン95』や『生活都市東京構想』でようやく「都心の活性化」を公的に標榜することができるようになった。これまで副都心育成のために都心の再開発を抑制してきたが、石原都政の時代には都心の活性化が重要課題となっていた。

政府でも、小渕内閣時代の1999年、都市再生が重要テーマとして取り上げられ、森内閣を経て小泉内閣に至って2002年3月に国会で都市再生特別措置法が成立した。このような都市再生をめぐる動きに対して、都市再生特別措置法を、「容積率を一定地域について一律に撤廃すること」と曲解して、「容積率は公共施設の整備との関係で決められるべきものであり、容積率規制のみを撤廃すると、都市の当該地域の居住環境が悪化する」という批判があった。しかし、これは間違っている。

第一に、都市再生特別措置法による「民間からの都市計画提案」は、公告縦覧、都市計画審議会等を経て都市計画決定するものであり、「容積率制限の撤廃」ではない。また、「都市再生特別地区」も、同様に手続きが行われ、新たに都市計画決定がなされるものであり、けっして「容積率制限の撤廃」ではない。

都市再生に関連して、建築基準法が改正され、住宅系建築物に限って、容積率緩和を総合設計制度の許可手続きではなく、建築確認の手続きのみで適用する制度が導入された。これも、「適用する区域及び緩和の程度」は、都市計画審議会の議を経ることが必要とされている。

そもそも、まちづくりに対する「規制」は、一方的に強化したり、あるいは逆に一方的に緩和したりするものではなく、社会の成熟度や経済活動の変化、その時代の要請等に対応して、弾力的に見直していくべきものである。従来行ってきた規制が不要になる一方で、新たな規制が必要になる場合もある。公による「規制」は、できるだけ自由な社会経済活動を確保しながらも、無用な社会的混乱や損失・破壊を防止し、結果として「人びとの幸せと豊かさを実現する」という究極的な都市の目的に合致する方向で、常に必要な見直しを行っていくべきである。

2003年ビル床過剰説に反論

都心の機能更新の動きに対して、民間やメディアの一部が2003年ビル床過剰説を唱え、東京都が推進する都心の活性化によりビル床供給が過剰になり、日本経済がメルトダウンすると執拗な批判が繰り広げられた。

石原都政1期目、私たちはこの2003年ビル床過剰説と戦った。情報社会・成熟社会に対応するためのビル床はけっして過剰ではない。絶対量としても、バブル時には、毎年30万坪以上の新規オフィス床の供給があったが、2003年の供給量は30万坪に達していない。しかも2004年、2005年にはこの半分以下の水準に落ち込む。また2003年新規供給オフィス床の特徴は、大規模ビルが多いということだ。オフィスつくりが、ビル単体ではなく、まちづくりという形で供給されるということだ。これは、情報社会・成熟社会に対応する努力の表れだ。なお、東京の従業員一人当たりオフィス床面積は約23平方メートルで、ニューヨークの約39平方メートルに比べると低い。

「高層ビルの建設により都市の当該地域の居住環境が悪化する」という指摘も間違ってい

る。むしろ、居住環境を改善するには、都心の密集市街地の土地を集約して、オープン・スペースを生み出す民間プロジェクトを推進したほうが有効だ。

「都市再生特別地区」に指定されると、「用途地域や容積率などの都市計画上の規制が解除される」という批判も間違いだ。都市計画決定手続きを経て都市計画が変更されるにすぎない。

都心居住希望者からは、「土地は誰のものか」という声が聞こえてくる。都市計画は時間との競争だ。関係者は迅速で集中した審議を行うべきだ。都市居住者の住宅水準はまだまだ低い。防災上も大きな危険をかかえている。東京の都市改造はスピードアップすべきだ。私たちはそう主張した。

なお、高次の機能を備えた新築ビルは、従来よりずっと、環境にやさしい。

- エスカレーターや照明にセンサー機能を付加して省エネ化をする
- 壁に断熱材を使用したり窓を二重窓にする、あるいは遮光フィルムを貼るなどして空調の省エネ化をする
- 逆に窓の大きさや位置を工夫して自然光を活用する

●太陽エネルギーを活用して屋上発電や給湯を行うなど技術革新が行われているからである。今では、地域冷暖房の省エネ化効果をはるかに凌ぐ省エネ技術を導入することも可能とされている。

近年の都市開発プロジェクトの多くが「都心居住」を組み込んでいる点はバブル期と大きく異なっている。都心居住の推進は、働く人々の生活向上に大きく寄与する。社会は、道路・鉄道への過重な負荷を抑制することができる。上下水道や電気・電話などライフラインへの投資を節減することもでき、エネルギー・環境面でのメリットも大きい。

以上の考え方から、東京都は、２００２年６月の都議会で、環境影響評価条例（いわゆるアセス条例）の改正を行った。これは、

●事業の早い段階からアセスを行う「計画アセス」制度を導入する
●従来、約20カ月を費やしていたアセス手続きの期間について、特定地域（都心、副都心、都市再生緊急整備地域等）の場合は、約９カ月に短縮する
●アセスの対象となる高層建築物を、上記特定地域の場合、従来の「１００メートル以上かつ10万平方メートル以上」から「１８０メートル超かつ15万平方メートル超」に変更する

――というものだった。

東京都のアセス条例ができたのが1980年だから、20年以上経って大改正が行われたわけだ。超高層ビルについては国はアセスの対象としていないが、東京都では数百の事例を積み重ねてきて、今回ようやく簡素化がはかられた。画期的なことだと思う。

定期借地権設定を活用して再開発を促進

高層化について石原知事は、神田市場が大田市場に移転した跡地である秋葉原の再開発のときも、「とんがったビルがいいぞ」と言っていた時期があった。

私たち行政実務担当者は、平面的都市東京を立体化していくことによってオープンスペースを生み出していくことを考えているが、知事も高層化を志向しているように見えた。

南青山1丁目の都営住宅をPFI的手法によって建て替えようとするプランを知事に説明したときも明快に、「容積率で解決できるだろ」と結論を下した。

これは、南青山1丁目にある4階～5階建ての都営住宅5棟が老朽化したので建て替えるにあたり、29階建ての高層ビルを建て、その敷地に都営住宅を組み込むと共に基本は民間マンションとし、保育園や老人福祉施設、区の図書館、店舗などを併設しようという計画だ。特徴は、これらを東京都が自ら建設するのではなく、都は土地を70年の定期借地権を設定し、事業は民間のディベロッパーが行うという点だ。これなら都は税金を支出しなくていいどころか、土地の賃料収入を得ることができる。プロポーザル方式で事業者を公募したところ、6グループの応募があり、審査の結果、事業者も決定して着工された。

この計画を知事に挙げるとき、知事周辺から横やりが入り、「民間ディベロッパーに儲けさせるやり方はだめだ」ということでこの提案を「否決」ということで知事にブリーフィングするという情報が入った。しかもそのブリーフィングから、都市計画を担当する副知事である私は外されていた。私はかまわずその時間に知事室に入り、私の座る椅子は用意されていなかったので自分で椅子を引っ張ってきて席についた。石原知事はその異様な雰囲気を黙ってみていたが、計画に対してゴーサインを出した。

そのあと港南4丁目地区で同様の計画をつくったときも都庁内では事業の成立見通しにつ

いて強い異論があった。「品川駅周辺の土地利用がまだ流動的だ。都営住宅を組み込んだ民間マンション建設は、時期尚早ではないか。しばらく凍結して、様子を見たらどうか」というのだ。

これに対して私は、「東海道新幹線の品川停車が実現するのは2003年10月。それに向けて、品川駅東口には、既設のインターシティのオフィス・ビル群に加えて、三菱等のオフィス・ビル群すなわちグランドコモンズが相次いでオープンする。その一帯から運河を隔てて海側の当該地域は、民間マンション建設が始まる。特に都営住宅敷地は、建て替え後、間もない区立の小中学校に隣接しており、住宅適地だ。むしろこの機を逃さず活用したほうがいい」と主張した。これも結論が出ず、問題は知事のところに持ち込まれた。知事は、「都営住宅を民間の力で建て替えて、次々と用地を生み出してさらに民間に売りに出せばいい」と決定し、この方式が定着した。その後、このプロジェクトも順調に進んでいる。

石原都政の1期目に都心の再開発が動き出し、今日に至っているが、これはスンナリいったわけではなく、一つ一つのプロジェクトについて石原知事の前で賛否両論を戦わせ、それを石原知事が面白がっていたという時期があったことを忘れてはならない。小池知事も、顧問団とだけ協議するのでなく、都庁実務陣と議論をさせた上で政策決定をしていくといいと思う。

三宅島噴火の緊急情報

三宅島の大噴火が始まったのは、2000年6月26日（月）午後7時30分である。そのとき私は赤坂のレストランで、台湾の知人たちと食事をしていた。連絡を受けて食事会を失礼して都庁9階の災害対策部に行くと、すでに緊急招集された職員たちが忙しく立ち働いている。直ちに彼らから報告を受けた。

- 三宅島3800人の住民のうち、島の東部に住む千数百人に対して、村から避難勧告が出された
- 島内に学校等、避難所を用意し、バスや船も手配した
- 関係各機関はいずれも動きだしている

●知事との連絡はすでについている

以上のことがわかった。事態は急を要するのだ。酔いは完全に醒めた。多くの関係機関が現地に集結し、動いている。都の最高責任者としてその調整を図らなければならない。すぐに災害対策服に着替えて、木場の東京ヘリポートに向かった。多摩の広域防災基地から飛んできた東京消防庁のヘリに乗って時計を見ると、午後10時半だ。夜の海は真っ暗、空も真っ暗で、上と下の区別もつかない。夜11時半、三宅島空港の滑走路に無事着陸した。都の三宅支庁舎に行って、3階の会議室に現地対策本部を立ち上げた。

三宅村をはじめ警視庁、消防庁、海上保安庁、各自衛隊、気象庁、東大地震研、保健所、東海汽船、東京電力、NTTなど関係機関の担当者が続々と集まってくる。現地対策本部会議にはこれら関係機関の人々すべての参加を得ることにした。会議室の一角ではパソコン用を含め電気や電話回線の増設工事がすぐに始まった。

午前0時8分、都庁の石原知事からテレビ電話があった。メディアに公開である。日付はもう、6月27日に変わっている。「そちらの様子はどうか」「学校等に設置した避難所に、続々と村の人たちが避難してきています。今のところ、混乱はありません」「三宅の人たちは噴火慣れしているから、勧告が出ても避難しない人がいるかもしれない。避難漏れのないように、注意しろ」「了解しました」「足りないものは何か」「トイレと水です」「よし、すぐ手配させる」ざっとこんなやりとりがあった。テレビ電話を切ったあと、知事が「青山の欲しがる物は、すぐ送ってやれ」と周囲に指示したと後日、聞いた。

引き続き、第1回の現地対策本部会議を開催。午前2時、島内の各避難所を回った。どこもごった返している。深夜でも、眠る雰囲気ではない。体育館も教室も、とにかく暑い。だから、校庭のベンチや階段に座っている人が多い。「空調が必要だね」「そのためには機械だけでなく、電力も必要です」結局、校庭に電柱を新たに立てて、空調を入れることになった。三宅島は東京都平均雨量の2倍の雨が降る、湿度の高い島なのだ。避難所内の要所にテレビを設置することも決めた。これはNHKが寄付してくれることになった。

午前6時、第2回の現地本部会議開催。「マグマが南西の山腹に突入」という情報で、島の南西部にある伊ケ谷地域も避難対象地域に加えることを決めた。この頃、島のどこから見ても、海上自衛隊の艦船が沖合に停泊している姿が見える。「心強い」という島民の声を聞いた。

午前10時、第3回現地本部会議。島の西方海域で水蒸気爆発らしきものがあったと報告。午後6時、第4回現地本部会議。西海岸付近の噴火に対する警戒強化を決定。この頃、海上自衛艦によって消防車等が横須賀から運ばれ、島の北部にある大久保浜で陸揚げを開始した。この間、避難者の食事、着替え、毛布などの手配から始まって、医療班の配置、危険地域の警戒、観測態勢の強化その他、現地本部会議で関係機関が集まって即断即決、即手配を実行していった。避難生活が長引きそうなので、自衛隊の炊飯部隊の派遣も要請した。

3日間ほどは、数時間おきに現地本部会議を開催したが、各機関は互いに協力的で、率直な情報交換を行うことができた。日頃の訓練のおかげだ。この頃、島に上陸した報道関係者（プレス）の人数は500人を超えていた。これは警視庁・消防庁・自衛隊の現地派遣人員を合計した人数にほとんど匹敵する。三宅支庁の第二庁舎をプレスに提供したのだが、そこは記者やカメラマンたちで溢れかえっていて、人をかき分けないと歩けないほど、混雑するようになっていた。社によっては、民宿を借り上げていて交代で支庁に詰めているのだが、それでも常時、数百人の記者が支庁に駐在する状態になっていた。

プレスは、現場に殺到する。だから現場における対応が必要だ。都庁の記者クラブでも詳細な発表を行っているのだが、それでも、現場にいるプレスへのブリーフィングが必要だ。1回だけ、こちらの作業の必要性から、「支庁長は、すぐに村役場に行って手配してくれ」ということになって会議後の会見を省略したことがあったが、プレスから、「一体、何事が発生したのか」と詰め寄られて大変な騒ぎになった。

政府の安全宣言下で大噴火が続発

緊急火山情報が出されたまま、爆発的噴火がなかなか起きない中で、「マグマが西方海域に移動」という情報がもたらされ、プレスの関心は、3日目くらいには、次第に「避難勧告をいつ解除するのか」に移っていった。

島では地震が頻発していた。私たちが島内を車で巡回していても、激しい揺れを感じて咄《とっ》嗟《さ》にブレーキを踏むほどの状態だった。29日午後には知事も現地に来て、第8回現地本部会議で訓示を行ったほか、島内も回った。

伊豆諸島の三宅島の避難場所で炊き出しをしている自衛隊員らに一礼する石原慎太郎東京都知事（左）（午後、東京・三宅村の三宅中学校前）
写真＝時事

そういう騒然とした雰囲気の中で、29日午後7時、政府の火山噴火予知連から「安全宣言」が出され、村は直ちに避難勧告を全面的に解除した。現地本部では「安全」という実感がなくて、避難勧告の解除に疑問も出されたが、「引き続き厳重な注意が必要」という1項を加えて、避難勧告を解除した。避難所に避難した島民の中には、「（地震が続く中で）家に帰るのが怖い」という人もいて、そういう人はそのまま避難所に泊まってもらうことにしたが、大部分の人は喜んでわが家に帰って行った。私も6月30日（金）、5日ぶりに都庁に帰った。

その40時間後には、「西方海域に移動」したマグマによって神津島《こうづ》（人口2800人）で大地震が発生、新島・式根島も含めてそれから数か月間は、激しい群発地震に苦しめられることになる。三宅島でも1週間後に噴火し、山頂火口の大崩落が起きた。それから何度も大爆発を起こし、結局は全島避難に追い込まれた。行政にとって最も難しい判断は、避難勧告ではなく、避難勧告解除のタイミングだ。

このとき神津島で震度6弱の地震があり、島の各所で大きな崖崩れがあった。特に村役場下の村道では車が埋まり、漁師が一人死亡した。都道、村道とも多数カ所で不通となり、廃棄物処分場などいくつかの施設が孤立した。島の半分が停電し、何カ所かで水道管も破裂した。神津島のシンボルともいうべき物忌名命《ものいみなのみこと》神社の本殿も崩壊した。空港の滑走路にも亀裂が走り、アクセス道路も崖崩れのため不通となった。

三宅島から前日、撤収したばかりの警視庁、消防庁、自衛隊、海上保安庁などをはじめとする各機関はヘリや飛行機、船舶を動員して今度は神津島に結集することになった。電気はすぐに回復したが、急傾斜地の多い神津島では引き続き、崖崩れのおそれが大きく、危険な地域の住民は指定された場所に避難した。

被害は甚大で、各機関は応急対策に忙殺された。空港滑走路の亀裂はすぐに修理したが、アクセス道路の本道が仮開通したのはそれから1年も経ってからで、狭い迂回路を通らないと空港に行けない状態が長く続いた。村からは、「避難住民のために仮設住宅を建設したい」という申し入れがあったが、私たちは、「復旧まで長い期間が必要だから、仮設ではなく本格的な村営住宅を建設した。2か月余のスピード工事で村営住宅を建設した。

神津島での対策がようやく立ち上がりはじめた時、今度は三宅島が本格的に噴火しはじめた。7月8日（土）のことだ。私たちは、雨台風である台風3号の対策で都庁に泊まり込んでいた。総量200ミリを超す大量の雨による神津島の崖崩れも心配だったし、東京全体が厳戒態勢だった。午後6時43分、雄山火口からの火山灰の噴出が確認された。噴煙の高さは800メートル。政府の安全宣言下で被害が拡大し、火山地震活動の実態がつかめないまま、私たちは都庁と、神津島、三宅島の間を行ったり来たりしていた。

そして7月15日（土）、新島（本村・若郷地区・式根島を合わせて人口3200人）の大地震が発生した。災害対策部ではすぐにヘリを手配していて、私は正午頃には、孤立した新島・若郷の埠頭にいた。

若郷と本村の間を結ぶ都道は大規模な崩落を起こしていて、復旧には相当の期間がかかりそうだ。急斜面が多いため島の各所で道が寸断され、港から見える高い崖からもまだ岩石がパラパラと落ちてくる。若郷の300人以上の住民は船で本村に避難することがすでに決まっていて、港に集結している。その後、若郷と本村の間は、新たにトンネルを掘らないと、互いに往来できるようにならないことがわかり、工事が始まった。石原知事は当初、トンネル建設に反対だったが、現地を知っている私はトンネルをつくらない限り被害が拡大し若郷の集落は衰退すると考え、トンネル建設計画を推進した。都議会を通じて森首相（当時）をはじめ国会各党の幹事長の視察もお願いし国の補助も取り付けた。石原知事には結局賛成してもらった。

噴火、地震、台風と同時多発的な災害が次々と発生して、（これは大変なことになりつつある）と皆が感じはじめた頃、三宅島で大噴火が起きた。8月18日（金）午後5時すぎのことである。噴煙の高さは8000メートル以上、成層圏にまで達する大爆発であったことが、あとでわかった。村はいったん全島民に対して小中学校等、避難施設への退避を呼びかけたが、降灰が激しく、島民はすぐには移動できないほどだった。私が現地に入ったのは翌朝だったが、都道等の降灰除去作業は自力で行うとしても、民家、特に高齢者の家の屋根の降灰除去作業は、自力では困難だった。台風シーズンはもう目の前だ。そこで自衛隊にこれらの作業を依頼することになった。これは私が長を務める現地対策本部の決定だ。知事からは、自衛隊に対する出動要請について了解を得ている。その話をしたとき、知事は「そんなことは当たり前だ」と言っていた。しかし、「自衛隊に対する出動要請を誰が決めたんだ」と騒いだ都庁幹部がいた、とあとでプレスから聞いた。「村長が勝手に青山副知事に要請した」と村長周辺の人が都庁幹部から怒られた、という話も聞いた。都庁も混乱していたのだ。

知事の帰国を待って全島避難を決定

そんな雰囲気が都庁の一部にあるとは知らず、私はこれまでの一連の騒ぎですっかりお馴染みになった陸上自衛隊第一師団の師団長や副師団長に電話で事情を説明した。自衛隊は快諾し、8月20日（日）から、自衛隊による泥流防止用土嚢積み作業や高齢者・母子世帯等を対象とする民家の降灰除去作業が始まった。九月になってから雨がずいぶん降った。このとき降灰除去作業をしておかなかったら、倒壊家屋がずいぶん出たことだろう。そうならなかったのは、作業に従事した自衛隊やボランティアの人たちのおかげだ。

いったん都庁に帰った私は8月22日（火）に三宅島に渡ろうとしてヘリに乗ったが、三宅島に雲と霧、さらには噴煙が出ていて、三宅島空港に着陸できない。そこで神津島村役場にヘリの機上から携帯電話で漁船のチャーターをお願いして、神津島空港に降りて、車で漁港へ、さらに漁船で1時間半かけて三宅島へ渡島した。この頃から、この種の迂回ルートを必要とすることが多くなり、都庁と三宅島現地との往来に時間と労力を要するようになっていく。

その日の波・風の状態によって、神津島・新島・式根島のいずれかと三宅島との間を船で往来するわけだが、小さな漁船は木の葉のように揺れる。船の柱につかまって体を横たえ、揺れに従ってゴロゴロと体を転がしているほかはない。順調にいって1時間半、時化《しけ》ているときは2時間半ほど、この揺れに耐えるわけだ。石原知事に、「君は船に酔わないのか」と聞かれて、「気持ち悪くなるということはありませんよ」と応じたら、「君は島の災害対策に向いているな」と言われた。実際、東京の竹芝桟橋から直接、船で行くときは、夜10時頃に出発して8時間から12時間、船に揺られるわけだから、船に弱い人は体を壊してしまう。

8月29日（火）午前4時半ころ、さらに決定的な事態が生じた。低温だが、火砕流らしきものが生じたのだ。石原知事はこの時、クアラルンプール（マレーシア）に出張中だった。「様子はどうか」という電話があり、詳細に状況を伝えた。「マグマはどこにいるんだ」「山頂直下です」「噴火はすぐまた起こるのか」「1週間か10日は大丈夫です」などという問答をした。31日、政府の火山噴火予知連は「18日や29日の規模を上回る噴火や火砕流発生の可能性あり」というコメントを発表した。火砕流については、40人以上の犠牲者を出した雲仙・普賢岳の記憶がまだ新しい。知事も帰国した。

翌9月1日（金）朝、都は知事が主宰する災害対策本部会議を開き、村に対して全島民を東京に避難させるよう助言し、村はそれを決定した。知事は「避難してきた人たちを体育館でごろ寝させるようなことはするな」と指示した。島の人たちはいったん代々木のオリンピックセンターに入ったあと、それぞれの家族ごとに公営住宅に無料で入居することになった。島からの避難は2日から4日まで、3日間かけて行うことになった。私はそのまま三宅島に飛び、全島民避難を終えて5日に都庁に帰ってきた。

そしてその日の夜から2日間は都庁で、私は防災以外の仕事に忙殺されていた。何しろ、5日間も都庁を留守にしていたのだ。財政関係、都市計画関係、その他の仕事で都庁内外との調整や折衝などの業務が山積していた。幸い、島を離れて避難してきた3800人の村民の受け入れは、都庁各局や区市町村の全面的な協力態勢があった。大騒ぎしながらも、なんとかそれぞれ、当面の落ち着き先は決まっていった。

しかし、そんな合間にも、現地からは、「台風襲来の時、三宅島を無人島にせざるを得ない。その判断を誰がどういう手順で行うのか」「無人島にすると、電気が止まる。その場合、観測機器も止まる。他の島でも、三宅島を経由する系統では電話が止まるなど影響が出る」「三宅島にある重要書類をどうするのか」など、切実で重要な問題点について意思決定が求められてきた。そこで、8日（金）朝7時、住民はいなくなって防災関係機関だけが残る現地で対策本部会議を開催して、諸々の問題点について決定することにした。

会議を開くと、「火口からガスが発生している。その日に作業を実施するかどうかの判断基準をどうするか」「上陸チームにはガス検知器や防毒マスクの配布が必要ではないか」「船内に医療チームはあるが、手に負えない急病人等発生の場合の搬送態勢が確立していない」「泥流除去など泥にまみれる土木作業を終えて宿舎に帰ってきても、風呂もシャワーもない」等々、私に対する訴えには、際限がなかった。

わずか2日間離れている間に、現地では問題点が噴出していた。しかも、防災担当者たちには疲労の色が濃かった。とにかく私たちは、その場で決めることはどんどん決めてしまった。

戸籍簿を竹芝に運ぶ

この会議における決定事項の中に、「村役場は、戸籍等、重要書類を三宅村竹芝出張所に移す」という1項目があった。ガスが出ている状況下で、三宅・八丈航路をいつまで維持できるか、保証がない。三宅航路の一般乗客はすでにいないのだ。三宅に用があるのは、防災機関の交代要員等だけだ。村の戸籍簿だけでもダンボール数十箱ある。本船が通っている間に運んでおかなければ、あとで大変だ。定期航路がなくなってから運ぼうとすると、貨物船をチャーターするほかない。「村長にこの点、きちんと報告してくださいね」会議に出席していた村役場の幹部に、私はそう言った。「いや、村長とうまく連絡がとれないんですよ」幹部の答えは思いがけないものだった。

説明によると、村長の泊まっている村役場は、付近の都道が泥流で寸断されて、孤立している、都道の寸断で、敷設されている光ファイバー等も切断されているらしく、電話も通じない、衛星携帯電話を船で村役場に運んだが、あまり機能していない——ということだった。「村長は戸籍簿と一緒に島で死ぬつもりらしい」という噂もあった。

私はすぐに錆ケ浜漁港に行った。おしどり丸という漁船に頼んで、村役場の近くにある三池港まで乗せてもらうことにした。船は25分ほどで三池港に着いた。三池港は大きな本船を着けるための港だから、岸壁が高い。漁船からは届かない。しかし、幸か不幸か、この日は波が高い。押しては引く波の高低差が5メートルはある。波が高くなった時に船の舳先を岸壁に寄せて、飛び移ることにした。何度も何度も試みて、船長がスピーカーで「今だ」と叫んだときにうまく飛び移ることができた。続いて、たまたま同行した岸上隆秘書課長が飛び移るのを待つが、やはりなかなかタイミングが合わない。「君は船で待て」。そう言って埠頭から登り坂を村役場に向かって歩いていると、あとから追いついてきた。

村役場に着いたが、1階には誰もいない。午前8時台のことだ。2階に上がって「おーい、村長」と叫ぶと、村長や職員がびっくりした表情で出てきた。当然のことながら、悪天候をおして誰かが来るとは思っていなかったのだ。「本日午後2時、八丈から東京に向かう定期船『すとれちあ丸』を三池港に寄港させ、戸籍の原簿等を積み込む」ことが、ここで決まった。

私は再び漁船で、荒れる海を今度は神津島に渡り、定期航空路のアイランダーという10人乗りの飛行機で調布空港に帰った。午後1時半だ。昼飯を食べてない。明け方に船で朝飯を食べたきりだ。調布のファミリーレストランで都庁に電話した。「昼飯を食べてから帰庁します」と言うつもりだ。ところが電話に出た職員が「今日は午後3時に知事の定例記者会見があります。その前に知事に現地の状況を報告してください」と言う。確かにそのとおりだ。昼食はやめにして、都庁に帰った。知事に話すと、「自分のあとで、君が記者会見をして現地の状況を説明するように」と指示された。これも確かに、そのとおりだ。記者会見では、質問がたくさん出た。現地の状況を皆が知りたいのだ。知事の指示は的確だった。

火山の噴火は一般に、大量の降灰をもたらす。三宅島の場合、2000年夏の噴火だけで、推定1200万㎥の灰を島に降らせた。これらの灰は、火口付近や山腹に堆積する。それが雨によって水を含んで重くなり、ズルズルと下に向かって斜面をずり落ちていく。その過程で、土砂を巻き込み、岩石や倒木を巻き込んで、いくつものガリー（小さな鋭い峡谷）をつくりながら山麓に向かって降りていく。山麓に達した頃には、凄まじい破壊力を示し、民家になだれ込んで壊すだけでなく舗装道路を路肩や路盤ごと、流失させたりもする。道路が寸断されるから、電気・電話・水道など、道路に付随する施設も切断されてしまう。

全島民を島外に避難させた9月上旬以降、泥流被害は飛躍的に拡大していった。降雨のあとは、まず、「道路警戒」作業を行わなければ他の作業部隊は島内を移動できなくなっていた。特に島の南部の立根では、2001年4月16日に40メートルの長さの仮橋が完成するまで、半年以上にわたって都道が不通状態だった。そういう状況の中で、ある政府高官が「島民の一時帰島について検討してもいい」と発言したので、大騒ぎになった。都庁に避難してきている村役場の電話も、都庁の電話も「いつ帰れるの？」という島民の問い合わせへの対応で忙殺された。当時はまだ、三宅島空港で、亜硫酸ガスが15ＰＰＭ（環境基準の150倍）観測されていた。そういうときに帰島を論じる無理解ぶりにはあきれた。

知事は会見で一言、「不用意な発言だ。三宅島のことがわかっていない」と発言し、それで騒ぎは収まった。全島民避難のあと、三宅島の道路等インフラと電気・電話・水道等ライフラインは破壊され尽くした。

島の道路やライフラインが復旧し、人々が島に帰ることができたのは2005年のことである。その間、全島避難を一緒に仕切った同志である長谷川村長、宮沢三宅支庁長の二人は病気で亡くなった。あのときの過労が原因だと思う。二人には苦労をかけっ放しで申し訳なかったと私は今でも自分を責めている。当時の仕事は際限なかった。災害対策では自治体の長や幹部は極限まで仕事をするほかないのである。

成就しなかった横田基地の軍民共用化

1回目の都知事選挙の石原知事の公約で横田基地の民間活用は重要な位置を占めていた。そこで私たちは就任した石原知事に対して、「まずは横田基地へ視察に行きましょう」と提案した。

米軍横田基地がどういう基地なのか、今さら視察しなくとも石原知事自身はよくわかっている。私たちも、地元市町の代表と一緒に、騒音問題についての申し入れなどで何度も横田基地を訪れていて、様子はわかっている。しかし、ただでさえ世間の注目度が高い石原知事だ。就任直後の知事の行動は特にインパクトが強い。石原知事が動けば、必ずニュースになる。重要な政策を世間に対して、「これはこういう理由で重要ですよ」と丁寧に説明するより、石原知事自身が動くほうがずっと重要性をアピールすることができる。私たちは、そう考えた。知事はもちろん、「いいよ。行くよ」と二つ返事で応じた。

横田基地は、滑走路は一本しかない輸送基地だが、面積は710ヘクタールもあり、立川市、昭島市、福生市、武蔵村山市、羽村市、瑞穂町の5市1町にまたがっている。米軍の軍人・軍属数千人が家族と共に住んでいて、軍用機以外に民間チャーター便が毎日のように飛んで、米本土との間を結んでいる。だから、「それだったら、日本の民間航空機も飛ばしたい」ということになる。

私は、かつて、生活文化局の庶務課長をしたことがある。その局は、渉外労務管理事務所をもっていた。この事務所は、基地の業務に従事する従業員の労務管理、すなわち給料の支払い事務等を行っていた。今は、国が直接行うように改められているが。

その頃、私は、たとえば、「給料の支払いは、現金ではなく、銀行振込に変えたい」などという交渉で、しばしば横田基地を訪れた。そういうときは、当時はまだ貴重だったドルをかき集めて行って、基地内の食堂でランチを食べたりもした。「牛肉もジャガイモも、米本土から運んでいる」と米軍の係官は自慢げに説明した。ときには、彼らのホーム・パーティーに招かれることもある。芝生の中にアメリカ風の家が建っていて、日本の一角とは思えない雰囲気だ。横田基地というのは、そういうところなのだ。

もちろん、飛行機も飛んでいる。便数は少ないが、騒音をまき散らす機種ばかりだ。当時、常駐の主力輸送機はロッキードのC‐130E（ハーキュリーズ）という4発のプロペラ機だ。いかにも軍用輸送機らしい太く（高さ11メートル余）長い（34メートル余）胴体をしている。問題は、横田常駐ではないが、しばしば飛来するC‐5ギャラクシーだ。ジェット4発、世界最大の輸送機といわれ、ジャンボよりひと回り大きく、騒音も激しいし、何よりも威圧感が凄い。とても東京の多摩を飛ぶのにふさわしい飛行機ではないが、米軍はこれを飛ばしている。そのころ飛んでいたC‐9Aだって、傷病人を運ぶからナイチンゲールというやさしい名前がついているが、ジェット2発で、騒音は激しい。おまけに、航空母艦艦載機による夜間離発着訓練が行われるときには、戦闘機が離発着するから、騒音はその極に達する。

昭和40年代には、基地の南側、昭島市の住民570世帯の集団移転が行われたほか、米軍機の夜間飛行の禁止等を求める騒音訴訟もたびたび提起されている。基地問題は沖縄だけでなく東京都にとっても重要な政策課題である。そういう基地について、石原知事は選挙公約でNOを突きつけた。都庁実務としても対応するのが当然だ。

横田基地についての知事との打ち合わせで、私が「横田の滑走路は3350メートルあります。羽田の3000メートルより長いんです」と言ったら、知事は、「いや、4000メートルだ。俺は測ったんだ」と断言した。実際は、どちらも正しい。滑走路として通常使用しているのは3350メートルであり、そう公表されているが、オーバーランに備えて、プラス650メートルは滑走路の形をしている。

私は、知事が就任前から、東京都が作成している『東京の基地』という資料を自分で入手していたことを知った。この資料に掲載した横田基地の図面を見て、定規を当てて測れば、滑走路はピッタリ4000メートルあることがわかる。この資料は2000部しか刷っていない。配付先は限られている。そういう資料を知事はすでに入手していた。

知事の自宅は大田区の田園調布だから、私たちは一計を案じて、「自宅から車で赤坂プレスセンターのヘリポートまで来てください。そこから米軍ヘリで横田の滑走路に降りましょう」と提案した。

赤坂プレスセンターのヘリポートというのは、六本木通りから環状三号線道路を少し入ったところで、道路をまたぐようにしてできているヘリポートだ。アメリカの軍人たちは、アメリカ大使館からここまで車で5分、さらにヘリで横田基地の滑走路まで15分、計20分でアメリカ本土に行く飛行機に乗ることが可能なのだ。このことこそ、横田基地の機能を示していると私たちは考えていた。

米軍が管制している横田空域は、東京都のほか栃木、群馬、埼玉、神奈川、新潟、山梨、長野、静岡と九都県にまたがって、日本列島のど真ん中を伊豆半島から新潟まで横断する形で存在する。日本の航空機はこの米軍管制空域を通過するときは、米軍の指示や許可を得なければならない。このため、飛行ルートが制約され、不自然なコースをとる結果、航空路の過密化を招いてニアミスなどの原因にもなっている。横田の飛行場を日本の民間航空機が使用できるようになれば、首都圏すなわち関東平野の都市構造が大きく変わる。東京西部、埼玉、神奈川、山梨の利便性が飛躍的に向上する。これについては石原都政時代に大幅に改善された。

その後、私たちは、防災訓練で横田基地を初めて利用した。東京で被災した重篤患者を遠隔地の病院に運ぶため、横田の滑走路を活用する、あるいは、遠隔地の病院から医療チームが横田に飛来する、という想定だ。

２０００年９月の「ビッグレスキュー東京２０００」では、警視庁・消防庁と三自衛隊が連携した大規模な防災訓練を実施し、「銀座に装甲車が出現」と話題になった。このとき

東京都の総合防災訓練「ビッグレスキュー東京2000」を視察する石原慎太郎東京都知事（中央）（東京・銀座）
写真＝時事

は、「三自衛隊が大規模に参加した防災訓練の必要がある」ということで知事が中曾根康弘元首相と相談し、当時の小渕首相のところまで話が通り、内閣の危機管理監や防衛庁幹部と何度も相談してビッグレスキューが実現した。関係者は、いずれも協力的で、話が早かった。外務省、防衛庁、米軍など関係機関は多岐にわたっていたが、実務的な障害（どの条約・協定・法律を根拠とするか、手続きをどうするか）を別にして、大きな抵抗はなく、横田基地の利用は結局、実現した。

当日、石原知事と私たちは警視庁、消防庁のヘリに分乗して、横田基地の滑走路に降り立った。前回は米軍ヘリで来たが、今回は日本のヘリで来たのだ。感無量だった。石原知事は、そのあと、小泉首相と調布飛行場で落ち合ったが、小泉首相に対して、「帰りにぜひ、横田飛行場を見て行ってほしい」と要請した。小泉首相はその進言に従って、帰りのヘリは横田基地の上を飛んだ。石原都政時代の横田基地に関する行動はここまでだった。今後の折衝に期待するところが大きい。

厳しい都財政の実態

知事選で「都財政の再建」が主要論点の一つになっていたこともあり石原知事からは、「本当のところ、都の財政はどうなんだ」と問いかけがあった。

私は、知事と次のような問答をした。「都の予算規模は6兆円ですが、前の年度（平成10年度）の赤字は1000億円です。政府が財政再建団体に指定する赤字限度額は2800億円です。形の上ではクリアしています。しかしそれ以外に、減収補填債（税収が見込みより減った場合に認められる借金）など、したくない借金を2500億円しました。だから実質的には３５００億円の赤字です」「財政再建団体になるとどうなるんだ」「細かいところまで、政府の規制を受けます」「もっと具体的に教えろ」「政府の基準以上の事業は原則としてカットされます。単独で実施している道路建設とか、基準以上の福祉事業などは実施できません」「屈辱的だな。そういう例はあるのか」「全国の地方自治体で、過去に３００件くらいあります。市町村だけでなく、青森県や和歌山県でもそういうことがありました」「今後の見通しはどうなんだ」「たとえば中央卸売市場会計から２０００億円借りました。そういう危機です」「市場か。そんなに金持ちなのか」「神田市場の土地を売った金です。築地市場の建て替え財源ですから、いずれ近いうちに返さなければならないのです」「徳俵に足をかけて踏ん張っているというわけだな。俺がその借金を処理するのか」「そういうことになります」「ひでえ家に嫁に来たというわけだな」「すいません」「俺は財政を再建するために知事になったというわけか」内容は深刻だが、実に理解が早くて、気持ちのよい問答だった。

知事自身はその後一貫して、少なくとも1期目は、財政には厳しく対処した。いわゆる自分の道楽とかモニュメント的なものの建設に興味を示すこともなかった。

また、政治とお金の問題については、知事就任後、間もない時期の打ち合わせで、誰かが冗談に、「この事業は、A社のアイデアですから」と、知事がそこの会長か社長と親しいと言われている会社の名前を出したら、「俺が知事になったからA社を使う、なんてことするなよ、おい」と、きつくたしなめた。私は慌てて、「いや、都庁の仕事は競争入札やコンペですから、そういうことはあり得ません」と間に入った。

石原都政で最初の財務局長に、私は木内征司氏を推した。

「都市計画局次長から、いきなり局長級のうち最右翼の財務局長というのは、庁内序列からいって問題がある。いったん、普通の局長を経験させてからでもいいのではないか」と強く主張する人もいたが、「序列より、財政再建のほうが重要ですから、これでお願いします」ということで押し切った。木内氏は1年前まで財務局主計部長をやっていて、都の財政の問題点を熟知している。実務を知っている人に財務局長として思いっきり腕を振るってもらおうというわけだ。

その木内・新財務局長に「主計部長は誰がいいですか?」と聞くと「ぜひBにしてほしい」という答えが返ってきた。その時点での人事案は違う人だった。知事のところでその人事案を審議したとき、私は知事に、「この案を変更して、木内の言うとおりにしてやってください」と言った。

「いや、Bは、木内主計部長時代に、その主計部の中枢である財政課長だったでしょ。同じメンバーで予算をつくるより、予算未経験の人を主計部長に起用して、新しい発想を導入するべきだ。原案がいい」と強硬な反対意見が出て、激論になった。

「未曾有の財政危機です。最強メンバーで臨むべきです」「予算編成の作業には、青山さんも木内さんも参加するんでしょ。主計部長くらいは、新人を起用して、斬新さを出すべきだ」「そんな呑気な情勢ではない。都民に無理をお願いしなければならない。都議会にも、きつい予算を認めていただかなければならない。国からも金を取って来なければならない。この際、長年の懸案を一挙に解決する、徹底した財政再建予算を編成すべきです。来年度予算に勝負がかかっている。そのためには、実務のベテランを使う必要がある」「人事はバランスだよ。青山と木内がいるんだから、主計部長は別のタイプがいい」「それは一般論。今は非常時、即戦力が必要です。ベターよりベスト。都庁内外に、知事の財政再建への強い決意を示すことも必要ですよ」

私に賛成する人はいなかった。しかし、私は担当だ。私が頑張っている限りは結論が出ない。議論は、こうなるともう繰り返しだ。知事には、そのとき、差し迫った日程があった。知事は、「お前たちでもっと議論しろ」と言った。私たちは別室でさらに議論した。私は一歩も引かなかったから、結論は、Bに決まった。

そうやってできたメンバーで、次年度予算の原案をつくった。予算編成の実務に携わったメンバーは、死に物狂いで仕事をした。ひと月もふた月も都庁に泊まり込む猛者もいた。「元日だけは家に帰りました」という者もいた。家族が着替えをもって都庁を訪れる光景も見られた。このとき、都財政再建の流れはつくったと思う。

国の補助金獲得に都庁を挙げて奔走

一方で、私たちは、国からの補助金の獲得にも走り回った。その頃、国が経済対策で補正予算を組むことになったが、都には国の補助事業に伴って自分が負担すべき予算を組むだけの財源がないという状況だった。補助金は事業に要する経費の二分の一か三分の一しかつかない。補助金をもらうためには白分のところの予算が必要なのだ。ところがこちらの金庫が空だ。「財源がないので東京都も補助金を欲しがっていない」国の各省庁にそういう誤った情報が流通していると聞いて私は、日曜日に緊急に関係者を都庁に招集した。

東京都の公共事業は、たとえばあと一歩で用地買収が終わる環状八号線道路や、踏切を解消する鉄道の連続立体交差化事業、近年急増している集中豪雨による水害を防ぐための河川改修など、「いい公共事業」ばかりだ。

「年度末には必ず財源を捻り出して補正予算を組むという約束をして、遠慮しないで補助金を獲得しよう」と申し合わせて、私たちは、補助金獲得作戦の展開を決めた。

相手省庁によっては、「都も必ず補正予算は組みます」という副知事名の念書も入れた。約束を果たせなければ責任をとる。そういう覚悟だった。一種の離れ業《わざ》だったが、他の道府県が補正予算編成にしり込みする中で東京都は多くの補助金を獲得した。それに伴う東京都の負担分については、年度末までに単独事業（補助金をもらわずに都道府県が単独で実施する事業）を削減するなどして財源を捻出し、約束を守ることができた。

また、東京都が地方交付税の不交付団体であることを理由として、たとえば義務教育の教員の退職金について国の負担金をもらえないことになっていたが、「地方交付税の不交付団体であっても、富裕団体ではない。倒産寸前です。国家が定めた義務教育制度のもとで、国家が支払うべきものを東京都だけが肩代わりするいわれはない。くれるべき負担金はください」という運動を私たちは展開した。

知事と自民党東京都連との間には知事選のしこり（自民党は明石候補を擁立した）が残っていたが、「これは国家の義務教育の経費の問題だ」ということで共同行動をとった。自民党東京都連は協力してくれた。東京選出の国会議員には、協力してくれた人もいたし、しなかった人もいた。私は今でもそのときのメモを持っている。結局、政府予算のギリギリの時期に、与謝野馨代議士（当時）の手配で中曾根弘文文部大臣（当時）から知事のところに電話があって、「認めましょう」ということになった。与謝野氏は当時の石原知事が中曽根康弘元首相と親しいことを知って配慮したのだ。毎年65億円だから、大きい。いま振り返ると、これはまさに財政戦争だった。

銀行へ外形標準課税を導入

この間、都は補助金や交付金よりもっと大きいことに取り組んでいた。大手銀行に対する外形標準課税である。これは年間1000億円に及ぶ大きな話だ。1999年の秋から、私たちは財政問題について、都議会の幹部とはたびたび、議論をしていた。予算の削減のうち、特に福祉改革について、都議会の同意を得ることは並大抵のことではなかった。

その年も暮れになって、都議会自民党の幹部から、「銀行に対して課税を考えているのか」という問いかけが何度かあった。課税の検討を少数の幹部が行っていることを察知したのだ。しかし、その種のことは知事マターだと皆が思っていた。誰もが、「いやー、昔からそういう議論はありますからねえ」などとはぐらかすほかなかった。

そして年が明け、知事秘書から「2月5日土曜日の夜、有楽町のレストランに集合」という連絡があった。集まった幹部は皆、(多分、あのことかな)と感じていたと思う。知事は率直に、「大手銀行に対して外形標準課税をやる。今まで黙っていて悪かったが、みんな、頼むぞ」と言った。

この場合の外形標準課税は、（最終的に利益として計上された）所得ではなく、（企業活動の規模を示す）業務粗利益に対して（法人）事業税を課税しようというものだ。東京都の立場から言うと、大手銀行が、東京都が整備した道路や鉄道等の都市施設を盛んに使用して事業活動をしていながら、不良債権の処理等の経理処理によって利益が少なく計上され、（法人）事業税を相対的に少ししか支払っていない、これは不当だから、事業活動の規模を外形的に示す業務粗利益の金額に応じて支払ってもらいたい、ということだ。

私は率直に、「銀行へ投入した公的資金投入60兆円の敵討《かたき》ちになります。都民感情はこれを支持するから条例は通ると思うが、都議会に対する説明を早くやったほうがいいと思います」と言った。そのころ、国民には公的資金の注入を受ける銀行に対する不満が強かった。私自身も、都議会の予算特別委員会で松本文明議員（自民党）と銀行に対する世論の変化についての問答をしたことがある。

その夜集まったメンバーは皆、外形課税自体には賛成だったと思う。異論を唱える人はいなかった。ただし、決定に至る過程についての疑問も含めて反発も予想されるから、一致協力して取り組んでいくことを話し合った。実際、その後も、意思決定過程に対してはいろいろな意見や見解が出された。密室審議によって納税者の納得が得られていない課税の問題点も指摘された。知事はその夜、「俺は今日、１５００メートル泳いで来たから、何を食ってもいいんだ」と言って、よく食べ、よく飲んだ。条例は都議会で、ほとんど全員の賛成を得て可決成立した。

この条例に対して銀行側は条例が無効であるとして訴訟を提起し、一審の東京地裁は、事業税は応能課税であるとして、銀行勝訴の判決を下した。都はこれを不服として控訴し、東京高裁は２００３年1月15日、「都は銀行が納付した事業税を返還せよ」という再び都側敗訴の判決を出した。

結論としては都側敗訴だが、この判決は、主要論点のかなりの部分については、次のとおり、都の主張を認めた。

(1) 事業税は、企業の事業活動と地方団体の行政サービスとの受益関係に着目して課される「応益課税」的な考え方に基づくものである。(銀行側は、所得に課税する「応能課税」であると主張していた)

(2) 銀行の状況は、地方税法72条の19による外形標準課税を導入することができる場合に

該当する。（銀行側は、該当しないと主張していた）
（3）資金量5兆円以上の銀行に限って課税したのは、中小事業者への妥当な政策的配慮と評価できる。（銀行側は、狙い撃ちだと主張していた）
（4）業務粗利益に課税するのは、許容される。（銀行側は、否定していた）
しかし、結論としては、「過去、将来における一定期間における税負担の比較吟味が必要であり、今回の場合（税率3％）は均衡していない」として、都側敗訴の判決となった。都はこれを不服として、最高裁に上告した。

知事はこれについて、2003年2月5日の都議会本会議で、「税負担の水準について、条例制定後の状況も勘案すべきだとされたことは、やはり納得し難いものであります。今回の判決に対しては、東京だけでなくわが国の将来のためにも、最高裁判所において、改めて司法の判断を受けたいと思います」と述べた。

しかし、実際には、私たちは「和解」した。「理屈はわかるが、税率が高すぎる」という判決をもらったので「税率を低くすればいいんだな」という和解である。生命線である「自治体の課税自主権」自体は否定されていないからである。2003年9月17日、都と銀行団は、「税率を3%から0・9%に引き下げる」ことで合意した。

2000年度から2003年度まで3年間の銀行税収入は3173億円だが、銀行へは還付加算金を含めて2344億円を返還することになる。当初5年間で5千億円の収入を予定したのだが、結局829億円の収入となった。都財政は非常に厳しい状況となる。一方で外形標準課税導入と同時に新築住宅に対する固定資産税・都市計画税の減免を年220億円行っている。2001年の都議会議員選挙の直前に、中小企業の非住宅（事業用）用地に対する固定資産税・都市計画税の減免を同じく年220億円行っている。

しかし、投じた一石は大きかった。国は、永年の懸案だった外形標準課税を、2004年度から導入することを決めた。これは銀行だけではなく、全業種だが、資本金1億円超の大企業を対象としている。法人事業税のうち、所得にかかる税率を9・6%から7・2%に下げ、課税の4分の1に相当する部分を人件費や資本金等に課税する。

しかし、都議会は、「和解そのものは現実的選択として評価し賛成」するが、そこに至るプロセスに対しては、

（1）和解に至る情報が議会に知らされなかった。

(2) 0・9%の根拠が納得できない。

などの批判があった。

また、知事は「ソフト・ランディング」と表現したが、「なぜソフト・ランディングなのか」についての具体的な説明はなかった。そのためか、「最後まで戦うべきだ」という主戦論もあった。「2344億円も返すのだったら」というわけだ。「後世の歴史に刻んでおく」という意味でいったら、最後まで戦うという選択もあった。和解という道を選んだ結果、歴史的評価は相対的に小さくなった。この点は残念である。

2期目以降の石原都政

石原都政の2期目以降、ワンマンぶりや都政の私物化も批判されたりすることもあった。1期目で張り切りすぎて、2期目は力が入らなかったということもあるかもしれない。息切れしたのである。また都の職員からすると、知事の意に沿わない案件を持っていくと一喝されるので、そもそも提案しづらいという雰囲気もあるなどと報道された。しかし、それが本当ならば責任は五分五分である。怒鳴られようとなんだろうと、提案するべき政策は提案するべきだ。

都政の私物化と批判されるようになったことは、権力には批判勢力が必要だという民主主義の原則を示す事例だと思う。1期目当時は私自身、石原知事が「俺が知っている業者を優遇するようなことはするな」と口にするのを聞いたこともあり、クリーンな政治家という印象を持っていた。だが、2期目以降、さまざまな批判について反省すべき点があることは本人も認めている。

長期政権には利点も弊害もある。鈴木政権は4期続いたが、その成果で大江戸線などの計画を遂行することができた。公共工事偏重などと批判され、また線路が深すぎるといった不評も聞かれたが、地下鉄路線の連係が進んだうえ、深いがゆえに災害時には練馬に駐屯する自衛隊第一師団が移動できる点から再評価されている。長期政権だから実現できる政策もある。だが、権力を監視する仕組みや勢力は必要だ。

私が副知事の任期4年を満了してひと月ほど経ったころ、たまたま都庁の廊下で石原知事とばったり遭遇した。顔を見るなり、「どうだ。選挙の準備は着々と進んでいるか」と言う。「いいえ。私は選挙に出ませんよ」この問答は、前の年から数えて3度目だ。しかし知事は目を丸くした。「本当か」なぜ、同じ問答を3回も繰り返すのだろうか。

一つは、年齢を経て、最初にインプットした情報をなかなか訂正できない、ということがあるだろう。私自身が否定した昨年より以前に、誰かが知事に「彼は（2004年夏の参議院）選挙に出ますよ」と言って、その記憶が刻み込まれていると、その後私が否定しても、最初の情報を打ち消す回路が働かない、ということはあり得る。側近の話は信じて都庁幹部の話を信じないのは石原知事の弱点だ。

もう一つは、価値観の問題がある。私たちは、自治体職員という職業に誇りをもって生きている。だが、知事は、政治家の人生に価値観をもっているだろう。だから「彼は選挙に出る」という情報を信じやすいかもしれない。私の父は政治家だったし、他界したときは現職（中野区長。元は都議会議員）だった。一方私は41歳、都庁の課長だった。多くの人から弔い選挙を勧められたが、私は「都庁の仕事を続けたい」と思った。私の俏という名前をつけた青山茂はフィリピンのバギオで終戦直前に戦死した。私はその召集令状や戦死公報をもっている。祖母から「お前は茂がやりたかったことをやるんだぞ」と言われながら育った。茂のやりたかったことは何か、今でも道を探しあぐねている。

石原知事は、自分が有能だから、身近に有能な人を必要としないようにみえる。しかし、子分的な気風の人ばかりで周囲を固めると、判断をまちがえる。いやでも、不愉快でも、意に沿わない理性的、知性的な人を側に置いたほうがよかった。周囲に対立があるときも、真偽を見抜く努力が必要だ。すぐに人事に反映させると取り返しがつかないこともある。

知事という職はあくまで特権ではなく責任だ。知事は、オンブズマンではなく指揮者であり責任者だ。大衆はオンブズマンに喝采し、責任者には拍手を送らないが。石原都政1期目は都庁実務の側と一定の緊張感があった。それがなくなるのは、危険だ。石原都政下で多くの局長や部長が、定年前に都庁を去った。死屍累々だ。風通しがよくなるだけならいいが、都政の実務力・技術力が落ちたことは否めない。知事が権威になってしまったら組織は死ぬ。国会議員の事務所とは違って、都庁の巨大組織は、近代経営方式でなければ動かせない。大衆受けしなくとも、理念・哲学・行動規範・判断基準をきちんと示すことを考えなくてはいけない。

第七章

第18代

猪瀬直樹

Inose Naoki
1946-

都知事在任

2012-2013年

写真=時事

石原氏の途中辞任に伴い後継指名されるが金銭問題で辞職

２０１２年（平成24年）10月、４期目の石原知事は、次期衆議院選挙に出馬するため任期を約２年半残して東京都知事を突然辞職し、その記者会見の席上で後継に猪瀬直樹副知事を指名した。現職の知事が辞職の会見で後継指名をするのはいかがなものかと思うが、記者から問われて「猪瀬さんで十分だと思う」と答えた。

ただでさえ国政選挙に向けて新党結成は大きく報道される。しかも都知事４選から１年半での辞職、主人公は石原慎太郎である。こうしてビッグニュースである石原知事辞職のなかで明らかにされた「猪瀬後継」は人々の記憶に強く、鮮明に印象づけられた。

猪瀬氏の対立候補は共産、社民、生活者ネットほかの支援を受けた宇都宮健児氏、衆議院議員や神奈川県知事を歴任した松沢成文氏、元衆議院議員の笹川堯氏らとなった。２０１２年12月の投票では猪瀬氏は４３４万票に近い、都知事選挙史上空前の大量得票で当選した。

ところが猪瀬氏が都知事選直前の２０１２年11月に医療法人徳洲会グループ側から

東京都議会総務委員会で、5000万円を入れたとされるかばんを提出する猪瀬直樹知事＝2013年12月16日午後、東京都新宿区　写真＝時事

5000万円を受け取っていた問題が明るみに出て、大問題となった。当時、徳洲会はその資金授受の前の月に武蔵野徳洲会病院の開設許可を都知事から受けている。猪瀬氏はそのとき副知事だった。また都内にある徳洲会施設は都から補助金を受けている。2012年6月の東京電力株主総会で猪瀬氏は東電の主要株主である都を代表して新宿区にある東電病院の売却を強く迫っている。ただし猪瀬氏はこの東電病院に徳洲会が興味をもっていることは知らなかったとしている。

猪瀬氏は徳洲会のほかの問題が明るみに出た時点で返金していたものの都議会で5000万円が猪瀬氏のもっているカバンに

入るかどうかを実演するなどの騒ぎを繰り返した挙げ句、２０１３年12月24日、猪瀬氏は辞職した。都議会での退任挨拶はなかった。なお、２０２０年オリンピック・パラリンピックの東京招致は２０１２年９月にアルゼンチンのブエノスアイレスで開かれた総会で決まっているが、このときの知事は猪瀬氏だった。

結果として、猪瀬氏は最高得票数と最短在任期間の２点において、都政史に記録されることになった。

地下鉄一元化問題

猪瀬氏が副知事・知事在任中を通じて最も力を入れた政策の一つが地下鉄一元化問題である。都営とメトロが同じ地下鉄だから合併して通し料金にするべきだという言い分はけっこう世論の支持を受けた。

私鉄もＪＲ（戦後は国鉄）も、都心部近くは、交通混雑対策のため戦後、多くの路線を地下化していった。今日では、京成、京急、東急、小田急、京王、西武などいずれの私鉄も地下路線をもっている。東京都がつくった臨海高速鉄道のように、初めから地下鉄としてつくられた鉄道もある。JR京葉線も、都心部近くは初めから地下につくった。

東京の鉄道の特徴は、郊外鉄道が都市内に乗り入れて、乗客を乗せたまま、地下鉄路線を走る、いわゆる相互直通運転を行っていることだ。これは、世界的に見ても、珍しい。ロンドン、パリ、ニューヨークいずれも、郊外から来た人は都心部の入口で地下鉄に乗り換えなければならない。

地下鉄とは、都心部の交通混雑対策のため、地下に通した鉄道である。都市にとっても乗客にとってもメトロと都営だけが地下鉄ではない。たくさんの地下鉄が東京の地下を走っている。東京都庁にとっては、地下鉄の一元化は夢であるが、都市の機能という視点から見ると、東京の地下鉄にはメトロと都営の一元化どころではない、たくさんの課題がある。

都営とメトロの経営を一元化すると通し料金になって値下げになるように言う人もいるが、それは別問題である。通し料金にするということはイコール値下げであるが、果たして、値下げの時期が来ているのだろうか。通し料金により数十億円の減収を適当とする時期に来ているとはとうてい考えられない。都営は当時約1兆円の長期債務をもっていた。これは都営の利用者が長年かけて運賃でまかなっていくべきものである。ほかの路線も同様に利用者が長年かけて料金を支払うことによって債務を減殺してきている。都営の利用者だけを特別扱いする理由はない。

そもそも都営とメトロが同じ地下鉄だから通し料金にするべきだという言い分は、そのまま、郊外の私鉄から同じ電車に乗ったまま都営やメトロに相互乗り入れしている路線の利用者こそ通し料金を主張することにつながる。東京中の相直運転路線がこれをやるためには基本的に全体の料金値上げをしないとまかなえない。むしろ現在でも都営とメトロの乗り換え料金は優遇されている。

都営とメトロが通し料金になると都営の利用者が増えるからその分、増収になるという意見もある。もちろんそれはあるだろう。しかしその逆もあるだろう。仮に乗り継ぎ割引金額を10円増やせば都営とメトロ両者で年間10億円規模の減収になると言われている。この10億円を誰かが負担しなければならない。乗り継ぎをしていない人の分も含めて値上げが適当であるとはとうてい考えられない。

あらゆる経営に対して、値下げやリストラを要求することは大切なことである。無駄遣いを告発することにも意義はある。しかし、大都市東京の都市機能の維持発展という視点を中心に据えた議論を展開することこそ真に利用者の視点と言えるのではないか。特に大都市経営の当事者には、そういう責任感が望まれる。

なお都営とメトロの経営統合には、一日の利用者数800万人以上、年間利用者30億人以上(ニューヨークの2倍近い)という巨大組織ができるというリスクがある。安全確保が基本である事業であるだけに、文化も歴史もシステムも異なる組織の統合には慎重な検討が必要だ。

知事と職員の関係

猪瀬さんは知事になる前、副知事を務めた。もともと私が副知事時代、旧知の猪瀬さんから「石原知事に俺を紹介してくれ」と言われていた。私は「高速道路は市民の敵であると受け取られるような発言をする君を石原知事に紹介するいわれはない」と応じていた。猪瀬さんは「そんなことはない。私の発言をきちんと受け止めてほしい」と言ったが紹介しなかった。

石原さんは毒のある人に興味をもつ傾向があるので紹介するのは都政のためにも石原さんのためにもならないと思っていたからだ。

しかしその後、誰かが石原さんに紹介したらしく、いつの間にか猪瀬さんは副知事になっていた。

猪瀬さんが副知事になってからも私たちは会って話をしたりしていたが、特段のことはなかった。猪瀬さんが地下鉄一元化問題に取り組み始めてからは、テレビや新聞・雑誌の対談で猪瀬さんは一元化論、私は反対論で議論を繰り返していた。

そこまではどうということもない話だが、ある時期、都庁の枢要局長から私に対してたびたび、話の趣旨がよくわからない電話がかかってくるようになった。とても言いにくい話らしく、奥歯にものが挟まっているような話だったが、私はピンときて、「人事の話だったら、人事担当の副知事から話があれば協力したい」と答えた。

さっそく副知事の時間をとったというので都庁の副知事室に行くと「協力してくれると助かる」という話だった。副知事は相当困っている様子なので、私はわかったと言って協力した。なお、そのとき猪瀬さんが紹介した人を採った会社からは迷惑したという話はなく「いい人を紹介してもらった」と聞いた。

後に私は都庁の人事に精通している大塚英雄さん（当時都政研究社社長）から「ずいぶん筋違いの話なのに協力したのですね」と批判（同情？）されたが、当時、猪瀬副知事のその種の要求はとても厳しく執拗だったとあとで他の幹部から聞いた。猪瀬副知事の要求に応じられないと答えると長時間にわたって、何度も要求されることがあるという話だった。

自説を主張し出すとそれを強弁して一歩も引かないという話も聞いた。そういえば私が東京メトロと都営地下鉄を一元化すると現実にこんなに困る、そもそも具体的な問題点を世間が理解したら世論が一元化を支持しないよと猪瀬さんに言ったら「そんなことはどうでもいい」と言っていた記憶がある。私は対等だからいいが、部下だったら困るだろうなと思う。

第八章

第19代

舛添要一

Masuzoe Yoichi
1948-

都知事在任

2014-2016年

写真＝時事

混乱のあとの安定が必要とされたが約2年で退任

猪瀬氏が2013年12月24日に都知事を辞職し、翌2014年2月に都知事選挙が行われることが決まった。選挙は、国際政治学者、参議院議員、厚生労働大臣、新党改革の代表等を務めた舛添要一のほか、元内閣総理大臣・衆議院議員の細川護熙、前回も出馬した宇都宮健児らによって戦われた。元航幕僚長で軍事評論家の田母神俊雄も立候補した。

政党関係は、舛添が自民党都連・公明党都本部、そして連合東京の推薦と新党改革からの支援を受けた。細川は民主党・結いの党・生活の党の各党からの支援、宇都宮が共産党と社民党からの推薦をそれぞれ受けた。田母神は日本維新の会共同代表の石原慎太郎をはじめとした同党所属の国会議員団の一部から個人的な支援を受けた。

選挙の結果は舛添要一氏が2位以下に大差をつけて当選するという結果になった。主要な候補の中では舛添氏の政策はハードからソフトにわたってバランスがとれていた。都民は極端な政策を避け、安定を選んだといえるだろう。

そのころ私は「舛添知事の数カ月をどう思いますか」と聞かれて「まずは堅実なスタートを評価したい」と応えると「ニュースが少ないように思いませんか」と挑発される。

「東京は3年に3回、都知事選挙をやったのです。職務代理を含めると3年に5人の知事がいたようなものです。62の区市町村も振り回された。今の東京都政にとって安定にこそ価値がある。混乱に終止符を打ったことを評価します。そもそも東京都政は行政が9割、政治が1割程度なのです」と説明する。

舛添都政は事有れかし主義の人たちにとっては面白くないスタートだったかもしれないが、どうせ今後、見せ場はいくらでもつくることができる。都政は振り回されないほうがいいと私は説明していた。

政府との関係では、税財政、大都市政策、雇用・創業政策、貧困対策、オリンピック関係などで対立を避けることはできない。対立を演出し都民の理解を深め、調整能力を発揮する場面がいくらでも出てくるだろう。メディアが好むコンフリクトの火種はいくらでもある。案の定、オリンピック・パラリンピックのため国立競技場の設計と経費をめぐる問題では舛添知事は目立った。

しかし一方で舛添知事の海外出張の経費、毎週末に湯河原の別荘へ公用車で通っていた問題などが批判を浴び、対応が悪かったこともあってか約2年の在任で退職に追い込まれた。

都市外交の進展には期待もあったが

舛添知事は2014年2月に就任しその月には冬季オリンピック視察のためロシアのソチに出張した。都議会が終わり4月には友好都市北京に行った。日本政府と中国政府の関係が冷えきっていた当時、知事が北京を訪問したのは、都市外交の意義を示す結果になったと思う。こういうときに日中関係の改善をはかるのは勇気のいることだ。当時、政治家としては中国の批判を繰り返しているほうが楽だったかと思う。しかしこういうときだからこそ、国際政治学者としての見識を生かしたほうがいいと私は当時の都政雑誌等に書いた。

中国の一般の人たちは必ずしも反日ではなく、当時も羽田空港を利用する中国人は、便数増加の効果もあって増えていた。東京には当時も今も中国人が溢れている。しかし日本人はそのころ中国嫌いになってしまったためか中国旅行は下火になった。

私の知り合いのアメリカ人は「日本人はとてもセンシティブで、日中政府間が対立すると国民も中国嫌いになる。しかし中国人はそうならない。世界では中国みたいなほうが普通だ」と評した。

同じく旧知のイギリス人は「ヨーロッパでは領土紛争から戦争を繰り返してきた。だから日中の関係を心配している」と言っていた。政治家自身は国家間の対立をいったん演出してもその鉾を収めることができるが、民衆は、感情的に興奮するとなかなか元に戻らない。だからこそ国民に対する政治家の発言には慎重さが望まれる。政治家にとって真の愛国心は一時の激情によって国民を危険にさらすことではなく永続的な献身によって国家の安定を確保することだ。

当時、米倉経団連会長は在任中に日中関係が改善しなかったことが心残りと発言した。東京の中小企業でも中国相手にビジネスしている会社は多い。日中の緊張関係を心配している人もたくさんいる。

2020年に東京はオリンピック・パラリンピックのホスト役を務める。知事はその代表

韓国の朴槿恵大統領（右）と握手する舛添要一東京都知事
＝2014年7月25日、ソウル［代表撮影］ 写真＝時事

者である。北京やソウルに限らず、ヨーロッパやアメリカ、アフリカやアジアの都市そのほか、幅広く都市外交を展開するのが望ましい。

都議会も同様だ。先日、ニューヨークの市議会議員と話し合ったとき、先方は東京都議会にも大いに関心をもっているのに、あまり交流がないようだった。オリンピックのホスト役は、都議会も同様だ。多額の税金を使って交流することはあまり勧められないが、都議会も、世界都市東京の都議会として世界の各都市を視野に入れて政策をつくっていくことが望ましい。

都議会の一部は当初から舛添知事の都市外交に好意的ではなかった。ソウルで朴大統領と会談し新宿区にある都有地を韓国人学校の用地として貸し出すとする知事の発言も舛添知事の海外出張経費が多すぎるという批判につながったという見方もある。

混迷した国立競技場問題

オリンピック・パラリンピックの開閉会式を行うことになる国立競技場の設計について2012年7月、JOC審査委員会（安藤忠雄委員長）がザハ・ハディド氏の作品を最優秀賞に選定したあと、議論は混迷を極めた。

その設計は、近未来的なデザインで、ザハ・ハディド氏特有の流線型の建物が新宿副都心のビル群を背景に神宮外苑に宇宙船のように浮いているものだった。当時、2020年夏季オリンピック立候補都市として他の都市と競っていた東京にとって、オリンピックに対する意気込みを示す力強い主張が示されていた。

このデザインに対する反対論はいろいろあったが、主要な論は第一に、神宮外苑の歴史と伝統にふさわしくない、第二に、費用がかかりすぎるというものだった。2013年7月、設計会社がこの設計だと工費が3462億円になるとJOCに報告するに及んで、費用が最大論点となった。これに関連して、東京都の負担額をめぐっても異論が出た。

舛添知事は2015年7月に突然、当時の文部科学大臣を都庁に呼んで新国立競技場の費用負担問題について公開の席で詰問するに及んで議論はさらに白熱した。

本来、知事のこの種のオリンピック施設建設に対する役割は、開催都市の代表者としてバランスよく成功に向けてリーダーシップを発揮することである。議論は①ザハの設計が選ばれた時点で、経費をどうするか、②経費がかかりすぎるならどう削減するかの順で行われるべきだった。しかし実際には、都知事対文部科学大臣の対立構図が演出されてしまった。

結果的に、首相が撤回を表明し、コンペをやり直すという経過を辿った。東京都は経費を負担することになったし、ザハの設計をめぐっては十分に議論が尽くされたとはいえない。ロンドンの水泳競技場、ソウルのトンデモン・デザイン・プラザ、北京のオフィス・ビル、ウィーンの経済大学など、ザハの設計を見たが、いずれもアン・ビルド（建築されない）ではなかった。主要論点の一つに、2020年オリンピック・パラリンピックの建築遺産とし

ザハ・ハディド氏のデザインによる整備計画が白紙撤回された2020年東京オリンピック・パラリンピックのメーン会場となる新国立競技場の建設予定地。奥は新宿副都心の高層ビル群と東京体育館＝2015年7月22日、東京都新宿区　写真＝時事

て何を残すべきかという視点も重要だった。少なくとも立候補都市間の競争で、ザハ・ハディド氏の斬新なデザインで東京がアピールし開催権を獲得したことは確かである。

新しい国立競技場案は、地上2〜5階に国産スギを使ったひさしを設け、屋根にも鉄だけでなく木を使うなど、日本調を演出している点が最大の特徴である。スタンドと屋根の間に風を通し、5階に植栽し照り返しを減らすなどの工夫も日本風である。

座席数はオリンピック・パラリンピック用には6万8000席、サッカー・ワールドカップの年には8万席とすることが可能とされている。その場合、座席はトラック上に増設することになり、陸上競技には使えないことになる。

車いす席は、オリンピック時に456席、パラリンピック時には703席用意し、観客が総立ちになっても観戦に支障がないよう車いす席は三段分の高さを確保する。ザハ・ハディド氏の案は高さが70メートルあり、隣の絵画館に対する圧迫感が危惧されたが、今回の案は高さが49・2メートルに抑えられている。

舛添知事はなぜ2年で退任に追い込まれたのか

猪瀬知事が約1年で辞任したのは5000万円を受け取っていたからであり、理由が明らかだったが舛添知事が約2年で辞職せざるを得なかった理由はいまだに釈然としない。

舛添知事の海外出張が多すぎる、多額な費用をかけていると批判された。海外出張が多すぎるかどうかの尺度はどこにあるのか。海外へのシティセールスや相互交流は知事の重要な仕事である。しかもオリンピック・パラリンピックが決まったあとの都知事就任である。年4回の都議会をはじめ東京に拘束されている期間はかなり長く、舛添氏の海外出張によって議会の開催やそのほかの業務に支障が生じたというならともかく、回数だけを批判するのはいかがなものかと思う。

そもそも国際政治学者を都知事に選んだのは都民である。在任2年余の間、大ロンドン市の市長もパリ市長も都庁を訪問した。そういう時世なのだ。ロンドンのシティの市長などは年の3分の1は海外出張と聞いた。海外企業を誘致するシティセールスのためだ。

海外諸都市との交流は今後ますます重要になっていく。対外的な交流に適した人でないと都知事は務まらないと思う。なおこの場合、適した人というのは語学に長けていることを意味しない。人品骨柄がすぐれていて海外の人に敬愛される人という意味である。舛添さんは語学が得意で国際感覚もあったが、語学は必ずしもできなくともいいと思う。

舛添知事の海外出張で問題となったのは回数よりむしろ経費が大きいことだったと思う。随行者数も多いから総額も大きくなる。そもそも飛行機のチケットはエコノミーに対してビジネスはその実感的な差異を超えて金額が跳ね上がる。ビジネスクラスに比べファーストクラスはそれほど差があるとは思えないがさらに飛躍的に高くなる。

私は都庁をやめてから16年間、毎年10回くらいは国際シンポジウム、国際学会、海外の大学での講義、研究調査、災害復興支援などの目的で渡航しているがたいていはエコノミークラスである。私は機内でパソコンを使って原稿を書く習慣があり狭い座席でいいので、それでなんら痛痒を感じないが、公用の場合は本人のコンディションや機内・室内での打ち合わせ等を考えると座席やホテルのグレードについて一定の配慮が必要だ。知事もファーストクラスでなくビジネスクラスでよいとすれば相当に経費は安く済むと思う。

舛添知事の海外出張が問題となったころ、現職の幹部になぜこんなに随行が多いのかと聞いたところ、知事の現地におけるいろいろな注文に応えるために多くの職員が必要だという答えだった。これは語るに落ちる話であって、海外でそんなに仕事が多いなら随行を大勢つけるより、海外事務所をあらかじめ設置して常駐職員をおくべきである。東京都ほどの規模であれば海外事情の調査等も主要都市については常時行うべきだ。

出張旅費について、私はメディアの取材に対して以上のことを説明したが、あらかじめ決めた論調に沿わないコメントは報道されないように感じた。世論が炎上したとき、人々が少数意見の表明をためらい多数意見に迎合するようになったら民主主義にとって危険な傾向である。

知事職は特権でなく奉仕する立場

舛添知事に対する批判には毎週のように湯河原の別荘に庁有車で出かけていた問題もあった。海外出張にしろ湯河原にしろ潔く謝って今後は改めると宣言すべきだった。あれこれ言い訳をして頑張ったのが違法でもない問題で辞任に追い込まれた理由だったと思う。政治家は気持ちの切り換えが大切だと思う。

舛添知事に対する批判が炎上した理由は、ひとえに初動が悪かった、換言すれば態度と姿勢が悪かったからである。上から目線に世論は反発した。東京都は人口約１３６０万人、年間予算は各会計合わせて13兆円余、職員数は16万人余と一国並みの大規模な自治体であり都知事はその全体を統括する。しかしだからといって都知事が直ちに強大な権限をほしいままに発揮できるわけではない。この点が一般に誤解されている。「都知事の強大な権力」などという表現をする学者やメディアがいるが、これは必ずしも適正ではない。予算には義務的な経費が多いし、都議会で1カ月以上の審議を経て可決されて初めて予算を執行できる。

職員は警察・消防・教員そして知事部局の職員もそれぞれ競争試験を経て採用され、管理職への昇任も原則として試験による。知事が連れて来るのは特別秘書等に限られている。副知事でさえ、都議会の承認がないと任命できない。職員を使用人と間違える知事は、都庁でいい仕事をすることはできない。

政策の基本や都民の権利義務を定める条例も都議会で可決されないと執行できない。長期ビジョンや長期計画も、細部にわたって審議会や都議会でオープンに議論して策定するルールがある。

東京都は巨大だが都知事の権限は、憲法や地方自治法等によって、恣意的に執行できないよう民主的な制度が確立している。都知事に求められる能力は、都民、議会、職員の理解を得て福祉から都市、経済、防災、環境と広範な分野についてバランス感覚よく発揮されるリーダーシップである。

リーダーシップを発揮するためには人柄や政策力において人々の尊敬を集める努力が不可欠であり、数百万票を得たからといって強大な権力を手中にするわけではない。今回はサーバント・リーダーシップ論について書かないが、数年前にアメリカの経営管理学で流行した、現代のリーダーは他人を頼らず自分でなんでもこなす人、人のために尽くす人、奉仕の精神を体現する人でなければ務まらない。

出張旅費や別荘通いについて都庁の幹部が知事に注意する雰囲気がないのかと聞かれたこともあった。率直に言ってこれは互いの自己責任である。職員については地方公務員法や諸条例、諸規則によって厳しく律せられている。違反したら処分される。知事は選挙で選ばれた政治家であり、職員と異なる制度下にある。有権者が選挙で清貧な人を選ぶほかかない。

第九章

第20代

小池百合子

Koike Yuriko
1952-

都知事在任

2016年-

写真＝時事

2016年東京都知事選挙の争点

2016年7月31日に行われた東京都知事選挙の結果は、小池百合子氏の圧勝だった。選挙戦における政策面での争点の第一は保育所待機児童の解消だった。人口1300万人を超える巨大都市東京の規模からすると、8千人余の数の待機児童を解消する問題が最大争点となるのは一見、妙にも感じられる。

しかし、国基準の認可保育所と2001年に始めた都独自の基準の認証保育所を合わせて25万人を超える定員を現にもっているにもかかわらず待機児童問題を解決できないのはなぜなのか。これほどの大都市東京がこの問題をなぜ速やかに解決できないのか。このアンバランスにこそ都民のいらだちがあり、争点となったのは必然であった。

施設の量的拡大ではなく新しい保育システムの創設が求められているのに従来の制度を踏襲して少しずつ施設を増やしていく行政手法では解決できないのであって、都知事選挙の争点となることによる政治的解決が求められたのである。

都政改革というと情報公開とか意思決定過程の透明化に議論が傾きがちだが、時代の変化に追いつかない政策を時代に合った政策に改革するのが真の都政改革である。そういう意味では、待機児童問題を解消できない状況では、政策転換が求められており、改革すべき政策の代表として待機児童問題解消が最大争点となった。

待機児童をもっている親は1年も2年もかかる保育所の増設を待てない。だから候補者が「全力で充実します」と決意を示してもその具体的方法を示さないと説得力をもたない。待機児童を解消するための方法を示さないと候補者の能力も資質も熱意も有権者に伝わらない。

世界で日本ほど施設保育に傾斜している国は珍しい。ふつうは、信頼できるベビーシッター制度を確立して施設保育と合わせ柔軟に対応して待機児童の発生を防ぐ。たとえばゼロ歳児を預かるには施設の建設のほか、毎月数十万円のコストを要する。現代のように保育需要が増大していく時期に力ずくで施設を増設する方策だけでは通用しない。都政改革とは、こういう場合にベビーシッター制度を確立して待機児童を解消することを言うのではないか。

とはいえ待機児童の解消という分野では空き家活用や有資格者の呼び戻し、規制緩和など、小池氏は他の候補に比べ、具体策に一歩踏み込んだ発言をしていたように感じられた。

ほかの政策分野においても、大きな政党の支援を受けていない小池氏が最も具体策を語ろうと努めているように見えたのはなぜなのか。

たとえば小池氏の電車を2階建てにすることによって通勤混雑を解消するという発言の実現はかなり難しいと思うが、しかし通勤混雑解消は都民の切実な願いであり、小池氏の思いは伝わってきた。働く都民の共感を呼んだのである。

では、どうやって通勤混雑を解消するのか。たとえば豊洲から住吉に行く地下鉄8号線は東西線等の混雑解消に効果があるし、秋葉原から東京駅や銀座を通って臨海副都心に行く地下鉄建設も具体的な課題だが、残念ながらこれは知事選の争点とはならなかった。これらの路線をはじめ懸案となっている鉄道路線はいくつもある。これらのうち何を優先するのか。これこそ選挙の争点となるべきだが、そういうことは論争されない。有権者が1千百万人を超える選挙だから、都知事選はイメージ選挙となる。政策論争が行われない。しかし政策に具体的な思いを寄せているイメージを強調することは大切である。その意味では2階建て電車の提案は効果があった。

主要な候補者は誰しも防災対策を政策の一つの柱としていた。東京の場合は、密集住宅地が多く、大地震の被害想定をすると火災の犠牲になる人が多いという結果になる。１９２３年の関東大震災、１９４５年の東京大空襲と2回も大火で多数の犠牲者を出している東京だが、現代でもその危惧は消えていない。

だから東京の防災対策では防火対策が大きな柱となる。初期消火も大切だが、消防自動車が入り動くことができるよう細街路をなくしていくことが大切だ。建物の耐震化・不燃化は各候補者とも政策に掲げていたが、消防自動車が通れるよう、密集住宅地の道路すなわち区や市の道路を幅4メートル以上に拡げていくことが東京の防火対策の決め手となる。残念ながらこの点も争点として明確にならなかった。

私道の拡幅は住民の抵抗も強い。しかし都民の安全を語るなら、言いにくい政策も掲げるべきだ。実はそのほうが都民の信頼を得やすいのではないか。この点は選挙の課題である。

小池氏の無電柱化は、都道を対象としていたようだが、本当は都道より区や市の道を無電柱化できるかどうかが問題で、そこまで問題を拡げれば防災上も、都市計画の上からも重要な政策となる。

２０１６年都知事選における勝因

主要な３人の候補者の立候補のしかた及び17日間の選挙期間中における行動を評価してみると下表のとおりになる。

１９９９年に石原慎太郎氏が立候補したときには後出しジャンケンが功を奏したが、このときは短期決戦だっただけに「私がやります」という積極姿勢が「担がれて出る」形に勝った。小池さんは自民党都連もしくは都議会を仮想敵として成功した。

猪瀬さん・舛添さんと途中辞職が続いたあとの選挙だけに、増田さんや鳥越さんは、猪瀬さん・

2016年 都知事選における主要な３人の候補者の選挙運動の評価

候補者名	小池百合子	増田寛也	鳥越俊太郎
演出1・立候補の時	△	△	△
演出2・仮想敵	△	×	×
周囲の補佐	△	△	△
政策1・待機児童	△	△	△
政策2・五輪経費	○	○	○
政策3・防災	○	△	△
政策4・都市計画	○	△	×
選挙中の政策進化度	△	△	×

街頭演説に訪れた中野サンモールで有権者に支持を訴える小池百合子候補（東京都中野区）
写真＝時事通信フォト

舛添さん的都政を仮想敵とする手もあったのではないか。そもそも2016年都知事選は、猪瀬さん・舛添さんの途中辞職があったから成立した。猪瀬さん・舛添さん的な都政に対する痛烈な反省と転換を強調するべきだった。

しかし増田さんや鳥越さんはそれをしなかった。小池さんは、猪瀬さん・舛添さんを攻撃するのではなく、その背後に自民党都連がいたとしてそれを攻撃し、支持を得た。論理的にいうとかなり飛躍しているのだが、その、かなり無理筋の作戦が奏功した。いわば、悪代官を創出しそれに制裁を加えるストーリーである。その悪代官は既成政党と一体だから、既成政党の支援を受ける候補者に対する効果的な批判となった。それが真実であるかどうかではなく、わかりやすいかどうかが選挙の結果を決めた。

問題は、政策だ。今回の選挙はメディアに「人気投票でなく政策で勝負すべき」という論調が強かった。五輪経費の圧縮や情報公開では差がつかないので、待機児童対策の具体策、そして防災・都市計画の具体策で差がついた。オリンピックの経費をめぐる問題についても同様だ。

今までにも鈴木氏の４選、青島さんの当選、石原さんの１期目のように、時の中央政府等と対立した候補者が当選した例は、都知事選挙では珍しくない。むしろそのほうが多い。国会の議院内閣制と違って自治体の制度は二元代表制、すなわち知事も議員もそれぞれ直接住民によって選ばれる。中央政府の政策はどうしても東京ではなく地方重視となる傾向が強い。都知事選の候補者には、当初から政府との一定の緊張関係が要求されているのである。

都庁職員の尊敬を勝ち取ることは新知事にとって就任直後の大きな課題である。私は、鈴木知事の時代、高齢福祉部長として、政策の進め方をめぐって対立したことがあった。青島知事の時代は計画部長として、臨海副都心の開発続行についてすぐには意見が一致しなかった。石原知事のときには副知事として、羽田空港の第４滑走路の費用負担、大きな土砂災害に見舞われた新島のトンネル建設などの問題で意見が違ったことがあった。しかしいずれの場合も知事との意見の対立が表面化したからといってどうということもなかった。そういう知事の人間的な大きさが尊敬と献身につながる。

スタート後の小池都政と都庁職員

都庁職員がポケットマネーで購入して維持している都政新報の2017年8月25日付紙面は小池知事に就任インタビューを実施した。これに先立って都政新報が都庁職員に実施したアンケートでは知事に対する職員の評価は概して厳しかったが、これについての記者の質問を小池知事は「聞き方よ」と一笑に付している。信頼関係については「これからですね」と課題としている。

小池知事は職員を掌握できたのか。職員を掌握できれば多くの分野における独自の政策の実現も期待できる。それが真の改革である。職員の間には小池知事に寄せる期待は大きいようにも見える。互いに率直な議論をする習慣ができるかどうかが鍵である。

小池知事が就任後1年以上の間、都民の高い支持率を確保していたのは、いかにそれまでの都政に対する都民の批判が強かったかということでもある。

小池知事は就任直後に、今後の都政の具体的な政策展開を示すための「2020年に向けた実行プラン」の策定について都庁の全局に対して作業の開始を指示し、2016年12月に「都民ファーストでつくる『新しい東京』～2020年に向けた実行プラン～」を策定した。内容的には、小池知事の選挙公約にあった「セーフシティ」「ダイバーシティ」「スマートシティ」の実現に向けて、課題の解決や成長創出に役立つ新規性・先進性をもつ施策を積極的に盛り込んだ。

計画期間は、平成29年度から平成32年度までの4カ年であり、まさに小池都政1期目の具体的なイメージを示しており、内容はその後、年明けに編成した2017年度予算に反映された。

待機児童の解消については、就任直後の都議会で補正予算が認められ、2017年度予算でさらに保育士の処遇改善を含め約400億円増額上積みをしている。しかしこれで待機児童が解消されたわけではなく、施設の充実に加え今までの枠組みに必ずしもとらわれず、ベビーシッターの養成など人材の活用を含めて、保育政策の改革が依然として求められている。

無電柱化については景観や防災上の効果に加え、電線類を埋める空間をつくるため、東京の密集市街地に特有の細い街路の拡幅が必要であり、これが延焼防止にもつながる究極の防災対策ともなる。時間もかかるが重要な政策である。

小池知事の公約には「国際金融都市への環境整備」のほか「特区制度の徹底活用」「中堅、中小企業の事業承継支援」等、東京の発展に対する期待を抱かせるものが多かった。工業化時代から高度情報化・成熟社会を迎えた今、商業・サービス・手工業・建築・情報関連など自営業が大いに勃興し伸びていくための政策の具体化が望まれる。

「満員電車ゼロ」という公約も、かねて懸案の豊洲から住吉に至る地下鉄8号線、秋葉原から東京、銀座を通って臨海に至るTXの延伸をはじめ、政府の交通政策審議会が認めているものだけでも8路線ある。これらの優先順位を決めていく方向性が課題となっている。

小池知事が就任後の都議会における演説で引用した後藤新平は、当時年間1億円余の予算規模であった東京市において近代都市に生まれ変わるための「プランとして8億円規模の計画を策定し大風呂敷と言われたが、そのプランが現在の東京の都市構造をつくった。小池知事の今後の計画に、後藤新平のそれを超えるアピールが期待される。

国の2017年度予算は過去最大の規模となったが、小池知事が編成した都の2017年度予算規模は前年度に比べて縮小したほか、社会保障経費の今後の増大に備えて基金を積み増しした。石原知事の最初の予算のときも同様だったが、税収が減るなかで健全財政を目指したという姿勢を示していて評価できる。

小池カラーとしてはライフ・ワーク・バランスのためテレワークや女性ベンチャー支援、公共施設等におけるバリアフリー化やトイレの洋式化、私立高等学校特別奨学金の拡充など新味が見られた。

もう一つの小池カラーは都議会の復活枠200億円廃止だった。今後、都議会の予算審議の過程で新たな問題点が浮上し都議会が予算修正権を行使するようなことがあるか、注目される。知事が直接団体の要望を聞くとしても、団体の入れ換え等、公平性を保つ工夫が必要となろう。

都知事は選挙で選ばれた政治家であるが、行政の長でもある。この二つの立場を峻別しないと混乱する。予算編成権をもつ知事が業界団体からその団体の直接の予算について要望を受ける場合、少なくとも選挙の応援と関連づけるようなことがないよう気をつけなくてはならない。

知事が業界団体と政策について意見交換する努力は多とするが、本来は予算要望ではなく政策についての意見・提言を受けるべきだ。古今東西を通じて行政と政治の混同が権力の腐敗を招く事例は多かった。近年の国政の混乱の一因も両者の力の均衡が崩れた状況が招いた面がある。この点については都庁の行政職から知事サイドに対する強い補佐が望まれる。

都の財源確保については、短期で辞職したたび知事選が行われている間隙を狙うかのように政府は法人住民税の一部地方交付税財源化等を行い、東京都は同じく地方税である法人事業税の再配分措置に加え、多額の減収を被っている。本来なら都に入るべき税収が今までに1兆円以上、国に吸い上げられている。まさに「子供の財布に大人が手を突っ込んでいる」状態が続いている。

自治の原点は財政の自律である。地域間の財政格差を補正するため、国家において一定の財源調整は必要だが、各自治体が政府からの財源獲得を争う状態になると自治体の政府に対する依存性を強め、自治を失う。小池知事は1都3県に茨城県を加えた大都市圏の連携と、大阪や名古屋等全国の大都市との連携を生かして政府との財政戦争に立ち向かうべきである。

都にはお金があるように報道されるが、これは誤解を招く。大江戸線を私たちは当たり前のように使っているが、1兆円以上かかった。この種の、次の世代が活用できる事業のために東京は多額の経費を必要とする。

そもそもなぜ豊洲移転だったのか

豊洲移転に至る歴史は長い。築地市場の母体はもともと日本橋市場である。日本橋の発展と取引量の増大により築地移転が提起してから長期間にわたって賛否両論があった。1923年関東大震災により日本橋一帯が焼失し、震災復興計画により築地移転プロジェクトが本格的にスタートした。実際に移転したのは1935年のことである。

開場日を迎えた豊洲市場で、マグロの初競りを視察する東京都の小池百合子知事（中央右）＝2018年10月11日午前　写真＝時事

戦後復興と高度経済成長を経て、築地市場は出入り車両が急増し混雑を極めた。築地市場は、貨車で新橋方面から入荷する構造だったから、トラック輸送時代に入って場内物流の構造自体が陳腐化し、改修を繰り返すことになった。40年前、私が市場の施設整備担当の主査（係長）だった時代には、隅田川の側には船着場があった。高度情報通信時代に対応するためのインフラ整備の喫緊の課題となっていった。

そこで計画されたのが大井移転である。美濃部亮吉知事時代には、東京都は大井移転を築地市場関係者に強く働きかけていた。しかし築地市場関係事業者の反対は強く、秋葉原にあった神田市場だけが移転、大田市場がオープンしたのが１９８９年のことである。今、大田市場の隣にある都立の野鳥公園は、もともとは築地市場の移転先候補地だった。

したがって鈴木俊一知事の時代には築地市場の現地再整備に努力した。汐留に仮移転してその間、築地の全面建替えを行う計画もつくったがうまくいかなかった。いくつかの現地整備工事を行ったが結局築地現地整備を断念し工事をストップしたのが１９９６年、青島幸男知事のときである。

そして１９９９年、東京都は豊洲移転方針を表明し２００１年に豊洲移転を決定し、関係方面への折衝等を開始した。この間、いくつかの候補地が浮かんでは消えた。中央防波堤内側埋め立て地は築地の商圏から遠いし公共交通機関がない。石川島播磨重工業造船工場跡地はすでに各種再開発計画が始まっていた。晴海はＬ字型の土地であり面積も十分にとれない。有明北は埋め立てがこれからというときだった。面積も十分にとれない。こうして40ヘクタール以上ある豊洲の用地しかないということになった。

その後、東京都卸売市場審議会、都議会等、各種の手続きが進み、２０１６年の都知事選挙以前に、築地市場の豊洲への移転はその年の11月と決められていた。

移転延期問題から空洞問題へ

小池知事当選後の２０１６年11月7日に予定されていた築地市場の豊洲移転について、小池知事が8月31日に延期を発表した時点では「延期の是非」と「延期に伴う損失補償」「新たな引っ越しはいつになるのか」の3点が争点になるかと思われた。

延期の理由は■下水モニタリング調査の8回目の結果を待つべき、■豊洲建設経費膨張の理由を解明したい、■業者の不満や安全性についての情報公開が必要、という3点だったが、これらは選挙中の主張と同様であり、知事就任後ひと月の間に特段の新たな材料が出ておらず、延期理由の強化もなかったので、延期の是非が争点となった。

しかしこの状況は、９月７日、共産党都議団が「市場の地下を調査したい」と東京都に申し入れた時点で一変した。誰かが共産党に通報したのが発端とも報道されている。

小池知事は9月10日、記者会見で土壌汚染安全対策の検証を行う専門家会議を再設置する一方、なぜこのような事態になったか経緯の調査を都庁幹部に命じた。

豊洲市場の建物地下が空洞になっていることは秘密ではなく、多くの工事関係者が知っていたようだが、工事関係以外の人は誰もが市場敷地全体が盛り土されていると思っていたし、都のホームページ等でも同様の表示がなされていたから、「空洞でも安全」と言われても事態が収まらなくなった。

当初は小池知事による延期の正当性が問われるかと思われたが、空洞問題が表面化してそれが大きな争点となった。小池知事は延期表明の時点では実際の移転日時を決定するイニシアティブを確実に握っていたが、局面が空洞問題に移ったことで、移転日時の決定は先送りになった。

東京都の再度の調査結果が発表され空洞問題の責任の所在については一応の決着がつき、豊洲市場に一定の安全対策等を講じて豊洲移転・築地再整備の基本方針が決められた。

安全対策以外の論点としては、用地買収契約価格とくに土壌汚染対策費用の負担問題と建物建築契約価格の問題が挙げられていたが、未解明のままとなった。元々問題がなかったともとれる。

豊洲市場の建物下に盛り土がなかった問題について先に発表された都の内部調査結果では、盛り土をしない方針は2010年の基本設計募集から13年の実施設計終了まで段階的に決まったと認定し、上司と部下、部門間などの連携と組織ガバナンス（統治）が欠如していたと結論づけた。

空洞問題がもつ意味

一般論でいえば、大きな建築物をつくる場合、その建物の地下は杭を打つかベタ基礎にして箱型とし地下利用するか、どちらかである。だから、空洞をつくったこと自体は一般論として、違和感はない。

ただし豊洲市場予定地の場合、敷地全体を盛り土することにより土壌汚染に対する安全性を確保するということを東京都は一貫して表明してきた。関係者に対する説明、あるいはホームページもそうだし議会答弁も同様である。

だとすると、建築設計上はややレアケースであっても、盛り土の上に高床式で建物をつくるほかなかったはずである。上下水道や電気・ガス、あるいは情報関連のケーブル等、配管及びこれらのメンテナンスのため、1メートルとか2メートルの地下空間は必要だから、どうしても床下空間ができる。敷地全体盛り土方針が決定されているのだから高床式になる。いったんは、そう決まっていた。

ところが基本設計等進めていくと、高床式でなく掘り下げたらどうかという議論が出てくるのは自然なことである。現に豊洲市場予定地近くの晴海トリトンの高層ビル群はUR（旧住宅都市公団）が建設したが、ビルの地下約25メートルは箱型になっていて、水蓄熱による熱交換システムに活用し、エネルギーの節約に貢献している。汐留のビル群にも地下空間を利用して水蓄熱による省エネシステムを導入している建物がある。

報道によると、東京都は2007年以降、専門家会議等に地下駐車場の設置等の提案をして否定され断念した経過もある。これらは断念したものの、2011年に行った基本設計前後に、ほとんどすべての建物地下を空間とし、土壌汚染対策で必要が生じた場合にその空間を利用するためモニタリング空間と称する空間をつくることを決めたようである。地下に重機を搬入するための出入り口も設けられている。

だから直ちに危険というわけではないだろうが、この案は全体盛り土の方針と異なるのだから、上司に問題提起し決定を得るなり、当時、工法等の安全性評価等のため設置されていた技術会議に正面からはかるなり、すでに解散していた専門家会議にはかるなりするのが普通の東京都の仕事のやり方である。

歴代の市場長（東京都の局長）はいずれも空洞の存在を知らなかったと発言していて、この問題が上司に上げられなかったことが表面化した。空洞をつくる図面自体は秘密ではなく、隠したわけでなく、重要事項を上司に上げなかった、そして必要な専門家会議等にはかることがなかった点が、この問題を重大問題としたわけである。都庁内の意思決定のガバナンスの問題が問われている。

市場移転問題に見る都庁意思決定過程の透明性

私が36年間勤務しその後13年間審議会の委員等で出入りして知っている都庁は、ジョブローテーションシステムによって幹部は部門間を異動し縦割り行政の弊害が少なく、過剰なほど上司の意思決定を仰ぐ傾向があった。

今回の一件のみをもって都庁のよき組織風土が消滅したとは思わないが、市場長が知らない間に地下空間の設置が決まっていったというようなことは都庁始まって以来のことである。この事例を糧として2度とこのようなことが起こらないよう、都庁組織のガバナンスを構築する必要があり、小池知事によるマネジメント会議の設置はガバナンス強化のため有効だと思う。

1980年代、レーガノミックスやサッチャリズムがニューパブリックマネジメント（新しい行政経営）を標榜し、結果重視、効率重視の市場原理至上主義が社会を席巻した時代にも、日本の自治体行政は民営化や行政改革を進めながらも民主主義的なプロセス（過程）を重視し、市民への情報公開と意見交換を行う協治・協働主義の傾向が強かった。仮に専門的に見て建物下に土壌汚染対策のモニタリング空間等を確保するほうが合理的であると判断したとしても、普通の都庁職員であれば、土壌汚染対策の工法や結果を検証するため設置された専門家による技術会議に事の是非と安全対策のあり方をはかる判断が当然にあったはずである。

関係者の誰からもそのような意見が出なかったのか、意見が出たが却下されたのか、どこかから確たる指示があったのではかる必要性を考えなかったのか。いずれにせよ政策決定、意思決定に至るプロセス重視の考え方を都庁職員に徹底する必要があると思う。

小池知事が移転延期を表明した時点では延期の正当性が争点となるかと思われたが空間問題の発生によって、再び土壌汚染対策の専門家会議が設置され、検証・検討が委ねられた。

市場の主役は東京都ではなく、産地、卸売、小売、運輸、流通など多くの関係事業者である。私が中央卸売市場の施設整備担当の係長だった40年前、美濃部都政時代には私の職務は事業者に対して大田市場への移転を説得することだった。

当時、神田市場の事業者の大勢は大田市場移転に合意したが築地市場側は商圏から遠いなどの理由で移転しなかった。鈴木都政、青島都政時代には現地再整備工事を試みたが頓挫し、石原都政時代に豊洲移転を決定した。最後の仕上げの段階で問題が露呈した。

2007年6月20日、都議選告示直前に小池知事が突然、記者会見を開き、市場移転問題についての基本方針を発表したとき、都庁職員からは「幹部がそれを聞かされたのは直前だった」「発表資料は顧問団がつくり、都庁は知らされていなかった」「信頼されていない」という声が公然と上がった。

そのときの記者会見の結果では、小池知事が記者の質問に対して「豊洲が中央卸売市場」と明快に言い切っているのに発表資料にそれが書かれていないなど、小池知事と顧問団との不統一が印象的だったが、都庁職員の側は自分たちが信頼されていないという気持ちをもったと思う。

小池知事は、行政の論理より自分の実感による決定を重視して行動し、それなりに成功してきたのだから、都庁職員の側は、小池知事の直感による行動をカバーする気持ちを強くもつことが大切だと思う。少なくとも、小池知事の側から都庁職員に対する不信感を露にしたような場面を私たちは知らない。

市場移転問題について、都の職員からの発表や発言が少なくて、テレビのバラエティー番組等が偏った報道をするたび私はもどかしく感じたが、都庁の幹部はもっと伸び伸びと、プレスに対しても議会に対しても発言していくべきではないか。文書を出すのも情報公開だが率直な発言も情報公開だ。

多くの関係者が口を閉じる中で、1999年6月から2年間、中央市場長を務めた大矢《おおや》實《みのる》氏が「築地市場の豊洲移転は私が判断して知事、副知事に上げた」と明快に発言したのは心強かった。都庁職員が幹部に求めるのはこういう姿勢ではないか。

五輪施設経費負担問題

オリンピック・パラリンピック（五輪）の経費負担問題についてはどうか。2020年五輪のためにつくる施設としては、第一に国がつくる新国立競技場のほか、第二に新設の恒久施設としての競技場、第三にオリンピック終了後に取り壊す前提でつくる仮設の競技場がある。これらのうち第一の新国立競技場の建設費等約1645億円のうち約395億円については東京都が負担することで国及び組織委員会と都は、小池知事就任以前に合意していた。アクアティクスセンター（水泳）、有明アリーナ（バレーボール）、海の森水上競技場（ボート、カヌー）の3施設は、いずれも上記第二の恒久施設である。これは当初から都の負担、オリンピックのためにつくること、そして第三の仮設競技場はオリンピック組織委員会が負担すると当初から決まっていた。

ところがその後、オリンピック組織委員会は東京都に対して仮設の競技場の経費が予定より膨らんだので東京都で負担するよう申し入れた。これについては小池知事がＩＯＣのバッハ会長に渡した文書に仮設競技場について東京都が１５００億円負担すると書いてあったことが明らかになり、小池知事はその日のうちにこれを撤回した。

これは小池知事の判断が正しい。東京都が負担するためには手続きと財源と両方が必要である。本来なら、上記第二の恒久3施設の経費の問題とセットで議論すべきことでもある。

２０２０年オリンピック東京開催が決まってから、猪瀬知事辞職、国立競技場デザイン選定やり直し、エンブレム選定やり直し、舛添知事の辞職、さらにはリオ・オリンピック都議会視察中止（行くべきだということについては既にメディアで論じた）と芳しくない話題が続いた。

２０１７年5月31日、オリンピック・パラリンピックの開催経費1兆３８５０億円の分担について、都と国、大会組織委員会そして都外会場がある自治体が大枠合意した。都外分の

350億円は先送りとして、国が1500億円、都が6000億円、組織委員会が6000億円となった。

その後7月下旬、小池知事は都外分の350億円について、宝くじの収益を充てる方針を表明したが、他の自治体からは異論が出た。宝くじのパイが細っているのにオリンピック・パラリンピックに財源を回す余裕はないというわけだが、オリンピック・パラリンピックを機に宝くじの人気を取り戻すという考え方もありうる。このあたりの経過では、都庁職員の積極的な補佐が期待されるところではないか。

オリンピックのレガシーとスペクタクル

2015年から2017年にかけて私はオックスフォード・ブルックス大学のジョン・ゴールド教授を明治大学特別招聘教授として東京に招いて、オリンピックと都市のあり方について連日、合同授業やカンファレンスを含めて議論を繰り返した。ジョン・ゴールド教授は都市歴史地理学が専門で、五輪と都市や社会との関係についての研究を長い間重ねている。ラウトレッジという出版社から『オリンピック・シティズ』という本を出版していて、2016年7月には第三版が出されている。

この間の議論の帰結は、五輪のレガシー（遺産）について、都市や社会に変化をもたらすカタリスト（触媒）としての機能を生かすべく市民を含めて開催前から十分に議論することの必要性である。そういう視点からの、オリンピックの本質についての議論の展開が望まれる。

本質論のひとつは、2020年東京五輪のスペクタクル（光景）として世界に何を印象づけるかということである。『オリンピック・シティズ第三版』（ラウトレッジ）のカバーは、水辺から見た北京オリンピックの主競技場の写真を使用している。北京の主競技場自体はオリンピック後の利活用は必ずしもうまくいっていないが、スペクタクルとしては見事である。

2020年東京五輪のスペクタクル（光景）の一つの候補として海の森がある。ここは都民の募金（みどりの東京募金）によって苗木が集められ、ボランティアの手によって植樹が

海の森クロスカントリーコース、海の森水上競技場、海の森自転車コースの施設群からなる海の森クラスターのイメージ。[東京オリンピック招致委員会提供]　写真＝時事

行われた。40メートルを超える丘が築かれて、丘からのゲート・ブリッジ、都心超高層ビル群への眺望が未来的である。

海の森を2020年東京五輪のスペクタクルの代表として推薦するのは、三つ目の論点と大いに関係がある。オリンピックをめぐる議論では、オリンピックまでに完成する物的施設がオリンピック後にどう使われたかということだけがオリンピックのレガシー（遺産）ではない。もともと、レガシー論が盛んになったのはアテネ・オリンピックで会場がオリンピック後に活用されず批判されたからだったが、今では、オリンピックのあと、開催都市そして開催国の社会がどう変わったか、都市がどのようによくなったかが問われる。これが三つ目の論点である。

2020年東京五輪の計画は、立候補段階からコンパクトな会場計画を主眼とし、晴海の選手村からほぼ半径8キロ以内に主要な競技場が配置される計画だった。その円の中に、陸側は国立競技場を中心とするヘリテッジゾーン、海側が東京ベイゾーンと名付けられている。東京ベイゾーンには今後、魅力的なデザインの建築がいくつもできていく。

2012年のロンドン五輪のレガシー（遺産）としては上記主競技場よりもむしろ、ベロドーム（自転車競技場）の建築デザインが光っている。東京でもベイゾーンに何ができるか、注目したほうがいい。

東京の地下鉄

オリンピックによって都市がどのようによくなったかという論点に戻ると、オリンピックに間に合わなくとも、臨海部の公共交通がどうなるかがキーポイントの一つとなる。

もちろん四つ目通りにできるべき地下鉄八号線は、東京東部から都心方向に行く放射方向でなく東部各地を結ぶ環状方向の重要な地下鉄となる。羽田空港から新宿、臨海・千葉、東京駅に行くJR東日本が提案した空港三線も東京の都市構造にとって重要な路線である。

加えて、臨海部を貫く鉄道路線としてTXが秋葉原から外堀通りを経て東京駅前を通り鍛冶橋・銀座から築地・晴海・豊洲・有明・臨海と臨海副都心一帯を貫く地下鉄も今後、大いに議論され検討されるだろう。

いま、東京のあちこちで、2020年東京オリンピック招致に向けたポスターや旗を見ることができる。胸にオリンピック招致バッジをつけている人もいる。だが、オリンピック開催の具体的なイメージは必ずしも国民の間に浸透しているとは言えない。

2020年オリンピック招致成功に向けて東京の最大の課題は世論の積極的な支持である。世論を喚起するためには、オリンピック開催の意義についての国民の理解を深めなければならない。そのために、日本の各地にオリンピックを紹介するコーナーを設け、そこを国民が議論する場としたらどうだろうか。

そこには、オリンピックの歴史、特に1964年東京オリンピックがどう行われ、どのような遺産があるかを具体的に示すとよいと思う。そして、2020年のオリンピックは、どのように開催し、何をどう残すかをわかりやすく示す。

オリンピックを開催するということは、わが国に世界中の人が集まり、さまざまな人間ドラマを繰り広げるということだ。日本は、そして日本人の生活は世界の人々とのつながりによって成り立っていることを改めて実感することになる。オリンピックの開催は、特に青少年の世界観に決定的な影響を与えるだろう。

私は20歳くらいのときに東京オリンピックを体験した。当時高校生だった弟が、まちを走る聖火ランナーの伴走を体験して一気に社会に対する視野を拡げたことを覚えている。

私自身、環七や首都高の立体交差工事を見て、こういう仕事をしたいと思って都庁に入った。これらはオリンピック道路といわれているが、実は、選手村が朝霞から代々木に変更になって、直接オリンピックのためには必要なくなった部分についても、東京の渋滞解消のためには必要だとしてつくられたことをあとで知った。

オリンピックと東京の変革

オリンピックは人々の世界観を変え、都市を変えるが、社会をも変える魔力をもっている。日本の女性が自分の楽しみのために家族を留守番に残して外出するのが当たり前になったのは、1964年東京オリンピックで女子バレーチームが大活躍してママさんバレーがブームになったからである。

オリンピックの意義を紹介するコーナーでは、成熟した国家の何を世界に発信するのか、日本がどのような社会を築きつつあるのか、わかりやすく示すべきだ。単なる展示ではなく、誰もがいつでも議論し提案できる場でありたい。オリンピック会場とその周辺のまちがどう変わるのか、模型等を示してオリンピックのあとに何が残るのかについても議論できる場でありたい。

オリンピックに関する本や、近年開催された他都市におけるオリンピックのグッズも販売するといい。デザインや文化芸術もオリンピックの重要な要素だ。ちなみに、昨年オリンピックが開催されたロンドンではそのときのグッズが今でも販売されている。

オリンピック招致活動を関係者だけでなく国民のものとするためには、呼びかける招致活動から国民がオリンピックの意義とあり方を議論する招致活動への質的な転換が求められていると思う。

オリンピックは国家ではなく都市が主催する。2020年オリンピックの場合は、東京都が主催する。したがって東京の市町村はオリンピック主催者の重要な一翼を占めることになる。

競技場の大半は、代々木一帯と臨海部に集中しているが、各国選手団は日本の気候に慣れるため、事前に日本の各地でキャンプをして練習をするから、日本の各地はテレビ報道や観戦だけでなくいろいろな機会を通じてオリンピックと関わることになる。

東京の市町村にとっては、近代五種競技の会場となる武蔵野の森総合スポーツプラザや東京スタジアムなど競技場だけでなく、地域として、まちとしてどうオリンピックに関わっていくかが大きな課題となっている。

オリンピックで東京を訪れた選手、関係者、観客は、競技に参加しあるいは観戦するだけでなく日本の各地に旅行する。かつて福岡でアジア太平洋博覧会を開催したときは、九州各地にアジアの人が旅行し、それ以来、アジアの人たちにとって九州は馴染みやすい地域となった。愛知万博のときは、万博を見物した人たちの多くが新幹線で東京に移動して当時完成しオープンしたばかりの表参道ヒルズを訪れたりした。オリンピックは、日本の各地にとって、観光開発のチャンスでもある。

オリンピックにおいては、スポーツだけでなく文化が第二の柱として位置づけられていて、文化イベントはオリンピック開催の3年前から全国各地で開催される。2012年ロンドンオリンピックでも文化イベントがイギリス各地で3年前から開催され、オリンピックムードが盛り上がった。

東京は、ニューヨークやロンドンなど世界の成熟国家の大都市と比べて、治安、交通、道路、清潔などの点では優位を保っているが、文化や芸術を楽しむという点ではまだまだといえる。

成熟社会の特徴は、少子化、高齢化、人口減少、経済の低成長だけではない。人々が生活の質の向上を求めてやまない点も成熟社会の大きな特徴だ。スポーツが盛んになり、音楽や絵画、そのほかのアートやエンターテインメントを楽しみ、多様な価値観を互いに認め合うのが成熟社会だ。

１９６４年東京オリンピックのとき、東京は首都高速道路や環七、そして東海道新幹線をつくった。それがその後の高度経済成長に大いに寄与した。東京は世界の大都市のなかでも道路面積率が低く、それぞれの道路の幅は狭いが、それでもニューヨークやロンドンに比べると渋滞の程度がまだマシなのは、このときつくった立体道路という世界でも稀な都市構造のおかげである。

都市内道路の連続立体交差も新幹線も欧米の模倣ではなく日本独自の発想だ。この時点で日本は都市構造においてヨーロッパやアメリカのキャッチアップを終えて独特の都市をつくり始めた。

そこには新たな時代をリードする日本人の気概が表現されていた。結果として１９６４年の東京オリンピックは都市の進化に最も貢献したオリンピックのひとつとなった。

２０２０年オリンピックに向けて東京は、１９６４年オリンピック当時のような本格的な都市改造を実施することにはならない。もちろん、建設中の首都高速道路中央環状線や首都圏外郭環状道路（外環）、首都圏中央連絡道路（圏央道）すなわちいわゆる三環状道路の完成は急がれるし、いくつかの点で鉄道ネットワークの改善が必要とされるが、新たに長大路線を建設することにはならない。

1964年オリンピックとの違い

21世紀に入ったころからオリンピックをめぐってレガシー（遺産）が議論されるようになった。それは、オリンピック絡みで金銭スキャンダルがあったり、競技施設が活用されなかったり、都市や国家に財政赤字を残したりしたことがあったからである。

1964年東京オリンピックは日本に大きなレガシーを残した。

その一つは新幹線である。新幹線の前史には満鉄アジア号があったし、弾丸列車構想があり、また国家として1940年にいったんゴーサインが出ていたり、古くは後藤新平まで遡るし、十河信二と島秀雄が牽引車であったとしても、国民の印象としてはオリンピックと新幹線はイメージとして切り離すことができない。東海道新幹線がオリンピック開催10日前に

東京駅で行われた東海道新幹線の開業式（東京・東京駅）　写真＝時事

開業したというのも劇的だった。

大事なことは、その後の半世紀、欧米が自動車輸送を優先し鉄道をだめにしていった時代に日本は営々として新幹線ネットワークを国土に形成してきたことである。これがその後の日本の高度経済成長を担ったといっても過言ではない。

このときまで日本は日清・日露戦争当時の産業革命を経て欧米にキャッチアップすることを目指して国土や都市そして交通の近代化に取り組んできたが、新幹線ネットワーク形成がスタートした時点から欧米のキャッチアップを超えて独自の交通政策に取り組んできたといっていい。

東京の都市内交通も同様である。東京オリンピック開催の1964年に地下鉄日比谷線が完成してこれまでの東武伊勢崎線に加え東急東横線との相互直通運転を開始している。オリンピックより後だが、東西線もこの年に開業している。

その後も東京の地下鉄は発展を続け（21世紀に入ってやや足踏みしているが）、今やメトロと都営を合わせて年間31億人に及ぶ乗客を運んでいてニューヨークやロンドンに比べると圧倒的な輸送力を誇っている。

相互直通運転システムは、都市の周辺部で鉄道が行き止まりになってしまう欧米の鉄道計画を超えた日本独自の発想であり、これが発達し始めたのも、１９６４年東京オリンピックのころからであった。

武蔵野線の着工も１９６４年である。もちろんこれは山手線の貨物輸送増加に伴うものだが、その後の武蔵野線の旅客化と運転本数の増加等輸送力増加は、首都圏の発展に大いに貢献した。

結果として東京は、山手線、武蔵野線、大江戸線と3本の本格的環状鉄道を有する都市となった。これも今までの欧米都市にはない日本独自の発想である。

道路整備についての当時のキーワードは連続立体交差だった。環七や首都高速道路のような連続立体交差道路を都市内に配置する発想は従来の欧米都市にはなかった。新幹線ネットワークと同様に欧米のキャッチアップを終えた日本独自の都市構造計画と言っていい。

これらも１９６４年オリンピックの重要なレガシーの一つである。

ロンドンではオリンピック開催の５年前、２００７年という早い時期にイギリス文化メディアスポーツ省（DCMS, Department for Culture, Media & Sport）が「レガシーの約束」を定めている。

内容は、■英国民が世界のスポーツをリード、■ロンドン東部の再生、■青少年のボランティア、文化等啓発、■持続可能な生活に向けてオリンピック公園整備、■居住・訪問・ビジネスを通じて英国の包容力を示す――の５点である。

このようにオリンピックのレガシーは、競技施設をその後どう使うかということにとどまらず、その国や都市、あるいは社会がどう変わったかという視点から論じられる。

視野を広げると、ロンドンのレガシーとしては、ウェストフィールドのショッピングセンターが挙げられる。地下鉄やDLR（Docklands Light Railway）でストラッドフォード駅に着くと歩行者デッキでショッピングセンターに入り、そこを通りすぎるとオリンピック公園という配置になっている。

ロンドン市は2012年オリンピック招致にあたってソーシャル・インクルージョンを標榜し（2004年ロンドンプラン）、産業革命後に荒れ果てていた東部でオリンピックを開催しこの地域を活性化するとアピールしていたから、このショッピングセンターの賑わいはレガシーの一つと言っていい。

またグリニッジ天文台近く、O2アリーナ（ミレニアムドーム）と展示場エクセル（シティ空港近く）を結ぶロープウェイがテームズ川を渡っていて、今日でも多くの観光客がこれを利用し週末には行列ができている。

ロンドンの東西を走る本格的地下鉄クロスレイルは現在建設中だが、これはオリンピックがあったから着工できた（ロンドン市の計画担当者）という意味では、オリンピックのレガシーと言える。東西118キロ余を走り2兆5千億円余の予算、ロンドン中央部では41キロのトンネルを掘っていて8つの新駅ができる。大英博物館、コベントガーデン、セントラルセントジャイルス（防衛省跡を三菱地所が開発）に近いトッテンハムコートロード駅もクロスレイル駅新設のため工事中だ。

レンゾ・ピアノ設計によるザ・シャードという87階建て、EUで最も高いビルが建ったのもオリンピックムードで建築許可を得られたためだという人がいる。オリンピックでロンドンは変わったのである。

成熟社会には経済の低成長、少子高齢化などの特徴があるが、重視すべきは、多様な価値観の受容、生活の質の向上を求めてやまないライフスタイルの変化である。スポーツや芸術、エンターテインメントを楽しむ文化、都市には水と緑を求める文化と言い換えてもよい。

オリンピックはスポーツの祭典であることはもちろん、近年は文化性、芸術性、ファッション性、デザイン性を競うイベントになっている。オリンピックを契機に、日本にも生活を楽しむ文化が根づいていくだろう。今回のオリンピックにはこのような変化を期待したい。

交通機関等のバリアフリー化

パラリンピックは1964年の東京が事実上、第2回とされている。パラリンピックを2回開催する都市は東京が初めてということになる。交通機関や各種施設のバリアフリー化は大丈夫なのだろうか。

改札口の構造、エスカレーターやエレベーターの設置、車両の構造等の点において、車いすの利用者等が乗降するのは無理な状態となっているロンドンやニューヨークなど世界の大都市と比較すると、日本の鉄道のバリアフリー化はかなり進んでいる。

道路の段差解消や視覚障がい者の誘導施設の点でも、日本は海外諸都市に比べると高水準にある。しかし実際には、転倒等の事故もあるし欠陥もある。エスカレーターを利用する際に駆け上がる人のために片側を空ける習慣も定着してしまって、身体の右か左かどちらかが不自由な人に対する配慮がなされていない。この点についてはかつて、やめてほしいという切実な主張がなされたが改善されていない。

バスについては、たとえばロサンゼルスでは、ほとんどの路線バスが、同行者や運転者の介護なしに車いすが乗降できる装置がついている。日本の路線バスもかなり進化してきたが、まだまだである。

タクシーについては、オリンピックを目指して東京では大型化をはかっている。タクシーの大型化が車いす利用者等にとっても利便性の向上につながることが望ましい。

各種スポーツ施設については、たとえばニューヨークのヤンキースタジアムは定員約5万人のところ、バリアフリー対応可能な観客席が約1500席ある。この水準を超えるスポーツ施設が日本にどれだけあるだろうか。この点においてはまだまだといってよい。

一般のレストランにおいては、車いす対応可能な店はまだまだ少ない。ハラル認証というテーマの大切さが日本でもようやく認識され始めているが、これについても実態はまだこれからである。

ユニバーサルデザインという言葉は、誰でもほかの人と同じように行動できる社会を目指す考え方を示している。障がい者が動きやすいまちは誰でも動きやすいまちである。パラリンピックを機会にそういうまちづくりを目指したいものである。

２０１７年都議選で都民ファーストの会が圧勝

２０１７年都議選で小池知事が率いる都民ファーストの会は、追加公認を含めて55議席を獲得し第一党となっただけでなく得票率でも追加公認を含め４割超を得て圧勝だった。この結果から、小池都政１年は都民に支持されたといえよう。

しかし都議選前、市場移転問題についての小池知事の基本方針に対する各種世論調査の評価が必ずしも高くなかったこと、都議選告示後に自民党国会議員や大臣の不祥事や失言が相次いだ結果、内閣に対する批判票が都民

東京都議会議員選挙の報道各社の開票速報を受け、当選確実が伝えられた候補者名に花を付ける地域政党「都民ファーストの会」代表の小池百合子知事＝2017年7月2日夜、東京都新宿区の同党開票センター
写真＝時事

ファーストの会に集まった点などは割り引いて受け取るべきだ。

また、都民ファーストの会が都議選に当たって掲げた政策が抽象的で都民の印象に残るものがなかったことなどを考えると、小池都政の政策が支持されたというより小池百合子氏のキャラクターが都民に支持されたと考えるべきだ。

小池知事就任後しばらくの間は、五輪施設経費の見直し問題と市場移転問題に費やされてきたように見える。これらはもちろん大切な都政課題だが、都知事の責任は福祉、教育、経済、産業、都市、環境、交通、防災その他、多岐にわたる。

都政の改革を標榜するなら、各分野にわたる政策の内容や仕組みを現在と将来に合ったものに変革していくことが求められる。目前の支持率や人気には結びつかない、将来世代のための道路や鉄道など都市基盤整備に取り組むのも都知事の重要な責務である。

戦後東京の長い間の懸案であった都心居住を今日、ようやく実現しつつあるのは、環七、山手通り、地下鉄大江戸線など環状方向の道路や鉄道の整備を続けてきた結果である。東京大都市圏がニューヨークやロンドンをはるかに凌ぐGDPを毎年稼ぎだし、欧米やアジアの人たちが羨む清潔で機能的な都市生活を実現したのも、圏央道、羽田空港、つくばエクスプレスなど国際的かつ広域的な交通ネットワークの整備に努めてきた結果である。

都政改革は情報公開や経費の節約だけではない。資源を自分たちの世代で使い尽くすのではなく時代に合った、特に将来世代のためになるプロジェクトに重点的に資源を配分していくことも大切である。

もともと企業社会のガバナンス（統治）論が市場経済社会における企業活動の最適性を追求するのに対し、自治体の場合の公的ガバナンス（協治）論は、自治体と市民の関係が従来の縦の関係から横の関係へと移行するべきだと考える。

ガバナンスの日本語訳を統治ではなく協治とするのは、ガバナンスの要素は、情報公開、参画、協働であり、共同で働くと考えるからである。企業社会のガバナンス論は結果重視主義であり、それをそのままストレートに行政に持ち込もうとしたニューパブリックマネジメント論も同様だが、協治・協働を重視する公的ガバナンス論は政策決定に至るプロセスが重要でありこれが民主主義の基本である。ここでは議会は政策決定において重要な位置を占める。

自治体議会にとって公的ガバナンスの要素のうち、情報公開は当然として、参画、協働は共に重要な意味をもつ。もちろん参画、協働は、市民と自治体の関係についていうのだが、そこでは自治体議会に重要な役割が期待される。

自治体議会は、政府と国会の関係（議院内閣制）と異なり二元代表制である以上、首長と議会の間には、一定の緊張関係が要求される。「議会は首長と執行機関に対してチェック機能を果たす」というだけでは不十分である。地方自治法は、議会を立法機関、首長を執行機関と位置づけている（地方自治法１３８条の２　執行機関は条例・予算その他の議会の議決に基づく事務その他の事務を執行する義務を負う）。議会には、単に首長の仕事をチェックするだけではなく、政策を立案して立法する機能が求められている。

俗に、「我が党は知事与党として――」とか「我が党は現市長に対して野党だから――」などという言い方をすることがあるが、これは、実は、市民の自治体議会に対する期待あるいは首長に対する権限集中を避けて議会との一定緊張関係を要求する制度設計とは相当にずれている。

都議選で都民ファーストの会は議会発案による条例制定を推進し都議会が本来の政策立案の役割を果たし立法機能を果たすことを公約に掲げていた。

かつて議案提出権は、議員数の8分の1だったが、現在は12分の1に緩和された。仮に議員数42人の議会だったら、6人の賛同がないと議案を提出できなかったのが、現在は4人で足りる。その割には、全国的に政策条例の議員提案が少ないように見える。全国的に自治体議会の奮起が望まれる。都議会がその先駆的役割を果たすことができるだろうか。

「長と議会は車の両輪」という言葉を聞くが、首長が前輪、議会が後輪ではなく、右輪と左輪の機能が果たせるかどうかが問題である。そのためには、せっかく地方自治法は「議会事務局の職員は議長が任免する（138条5項）」と定めているのだから、自前の職員を養成することも望まれる。議会は政策立法によって執行機関をリードすべきだ。

小池都知事が議会の復活予算を取りやめたが、執行機関側に36年間身をおいた私の経験からいっても首長と執行機関だけで完璧な予算編成ができるとは考えられない。議会は必要があれば予算修正権を適正に行使すべきだ。

アメリカでは基本的な予算編成権は大統領でなく連邦議会がもっている。そのため、議会は充実した予算編成部局をもっている。しかし都議会における都民ファーストの会は、政策創造のための充実した事務局をつくりえたのだろうか。これは喫緊の課題である。

議会改革の課題

都議会は議員報酬の2割カットを続けている。議会の改革というと、議員定数の削減や報酬カットなどを思い浮かべる人が多いかもしれない。しかし議員定数を削減しすぎると出したい人を出せなくなる可能性も高い。少数派の代表が出られなくなる可能性もある。議会が民意を代表する機関だとするならば、多様な民意を反映できる仕組みでないといけないわけで、そのためにはある程度の議員数は必要である。それなのになぜ、議員定数の削減が議会改革とされるのか。

その理由で最大なのは、「こんな人に議員でいてほしくない」という議員が身近にいたり、あるいはそういう議員の不祥事が大きく報道されたりしたからである。しかもそれが後を絶たない。こんな人が議員なのか――という不満が飛躍して議員定数の削減論を気にするのである。

だから、本当の議員改革の出発点は、議員が身を正すという当たり前のことである。それなしに議員定数の削減や報酬カットを実施しただけでは国民は満足せず、際限ない繰り返しとなり、議会の本来的機能が発揮できなくなる危険性がある。

議会・議員関係の報道で目立つのは、国会議員の場合は政治資金をめぐる不祥事と私生活の乱れ、自治体議員の場合は政治活動費の不明朗な支出や出張目的の不明な視察旅行である。

これらはごく一部の議員だと思う。しかし国民は、こんな議員はやめさせろ、そもそも議員定数が多い、そして報酬が高すぎるからこういうことになるという文脈で議会や議員を考える。

問題をシンプルに考えれば、国会議員の場合は政治資金の支出を透明にすることが第一で、自治体議員の場合は政治活動費と出張旅費の支出を厳格化することをしないでほかの議会改革を行っても国民は議会改革とは受け取らない。

一般論としては、東京のような世界的な大都市において議員報酬は十分にその政治活動と生活を賄える水準であるべきだ。ちなみに東京都より規模の小さいニューヨーク市の市会議員の場合は6名くらいのスタッフを税で雇用することができる仕組みになっている。

現在の日本でも小規模な自治体の場合、他に職業をもたないと生活できない報酬水準の議会も多い。ボランティア活動的な議会もあっていい。自治体議員の報酬についてはその自治体と議会の規模と機能によって柔軟に考えるべきであって一律に報酬カットを是とすべきではない。

政局重視から政策重視へ

小池都政は、就任当初の政局重視から政策重視へと都政の軸足を変えてきたように見える。目前の人気取りや当面の支持率向上を考えていると冷静な判断ができなくなる。いろいろな問題がきちんと整理整頓されて頭に入っているように見える小池知事のことだから、必ずこのような都政改革を実施すると期待したい。

都知事の仕事のほぼ9割は政治でなく行政である。憲法と地方自治法は、内閣と国会の関係とは違って自治体の議会と首長の関係を二元代表制とすると同時に、知事や区市町村長を執行機関の長とした。三権分立制の元で、政治家である首長を行政の長とした。

1922年、汚職が頻発し伏魔殿と呼ばれた東京市政を改革するため東京市長となった後藤新平は、同じく汚職が頻発したニューヨーク市政に対し改革提言をしたチャールズ・オースティン・ビーアドを呼んで6か月にわたって東京市政の調査と提言を依頼した。そのときビーアドが東京市に残していった報告書のオリジナル・タイトルは、The Administration and Politics of Tokyo――A Survey and Opinions『東京の行政と政治――調査と意見』となっている。行政と政治の区別を強調するビーアドの提言は今日の都政にも当てはまる。

知事・執行機関と議会の関係についてビーアドは「市長以下の理事者が議場に出て直接議員の質問に答えるのは珍しく思った。ニューヨークでは理事者は一切議場に出ないから、議員からどんな質問があったのか、翌日の新聞を見て初めて知る」と日本のやり方を評価している。

後藤新平が東京市長のとき、長期的な東京改造計画をつくったのは、行政に対する政治介入を避ける目的もあった。現在の都政は短期間に知事の交代が続いた結果、長期的な政策が欠けている。小池都政に期待するのはこの点である。若い人に未来を語らせるのはかえって酷だ。年月の経過に実感をもつベテラン政治家こそ長期的な政策を残すべきだ。

働き方改革と女性の活躍推進

２０１７年都議選のあと、都議会における女性都議は36人、議席数１２７に占める比率は28・３％となった。従来の25人、19・７％から大幅に増えた。公益財団法人市川房枝記念女性と政治センターの『全地方議会女性議員の現状』を参照すると区市町村議会では女性議員が5割を超える自治体もいくつかあるほどだが、都道府県議会では都議会の女性議員が47都道府県で最高となったようだ。これは、都民ファーストの会が追加公認を含め女性18人を当選させた効果が大きい。共産党は19人のうち女性が13人である。

この結果について「女性の声が都政に届きやすくなった」という意見があるが、私は、ことさらに女性の声を強調するよりも、当たり前の状況に一歩近づいたにすぎないと思いたい。あれこれメリットがあるから女性議員が増えたほうがいいのではなく、「政治は男性」という偏った状況が一日も早く改善されるのが望ましい。

とはいえ市川房枝が最初の婦人参政権運動、すなわち女性の政党加入や政治活動を禁じた治安警察法の改正を要求する運動を始めた１９１９年から、はや１００年が経とうというのに、いまだに日本の都道府県議会全体を通じた女性議員比率が1割にいくかいかないかという状況では、女性議員比率が高まることのメリットも説明せざるをえないのだろうか。

このような状況は日本に限らない。アメリカのビジネスの世界でダイバーシティ・アンド・インクルージョンすなわち多様性と包容力が標榜されるようになったのも、人種・性別・年齢等の要素において多様な人々によって構成される企業が意思決定や事業執行において優れた業績を挙げうるという説明がなされている。

日本で、デュアル・アプローチ（二元的取り組み）という言葉によって、いわゆる働き方改革と女性登用がセットで語られるのも、長時間拘束する労働をなくしたほうが女性を登用しやすいし、女性を登用すれば働き方も改革できるという、いい循環が実現するという趣旨の説明がなされる（たとえば山極清子『女性活躍の推進』経団連出版）。

私は20を超す基礎自治体の女性部課長比率を調べ、それらの自治体の議会対応の特徴を比較したことがある。その結果、議会対応において残業や徹夜、土日出勤が多い自治体では女性部課長比率が低く、そういうことが少ない自治体では女性部課長比率が高い傾向があることがわかった。

基礎自治体の部課長には、議会における議員の質問の事前通告を受け、答弁案について庁内調整をまとめる仕事がある。これは条例や予算、あるいは事業の執行のしかたに直結する仕事であり、決して根回しとか癒着という言葉で説明できない、真っ当な仕事である。的を射た質問があれば、それを機に行政の改革が進むことも多い。

重要な質問が何日か前に示されれば、執行機関側は、十分に庁内調整を行い、トップの判断も得て、重要な政策決定をすることもできる。しかし直前に示されると急な残業や徹夜、休日出勤をすることになる。

自治体職員は、市民生活にとって重要な緊急事態や災害対策で残業や徹夜、休日出勤をすることはいとわない。しかし政党がいたずらに、あるいは鈍感なために、重要な質問を問際に出してくるために日常的に行われていると、そのための待機残業が増える。こういう無駄な残業は消耗感が強い。

自治体においてデュアル・アプローチ、すなわち働き方改革と女性登用のいい循環が進むためには、議会側の協力が必要である。議会改革というと議員定数の削減や報酬削減等を真っ先に掲げる人も多いが、私は執行機関のデュアル・アプローチに悪影響を与えないように議会を変える改革も重要だと思う。

公開の席でワーク・ライフ・バランスが話題になったとき、私は小池都知事から「青山さんは都庁にいたときどのくらい残業していたのですか」と聞かれた。「生活文化局総務課長の2年間だけで都庁に100泊しました」と答えると「都庁に住んでいたのですか」とあきれられたが同時に「残業をなくすにはどうすればいいのですか」と聞かれた。このとき小池知事は午後8時一斉退庁を唱えていた。

私は「議会の特定政党や特定の議員が質問をギリギリに出してくるのをやめさせるだけでも虚しい残業が相当減ります」と答えた。残念ながら100泊のほうだけが報道されたが、女性都議の増加がワーク・ライフ・バランスの実現につながる効果が出るとその先の展望につながると思う。

関東大震災の前後に東京の行政と政治に助言したチャールズ・ビーアドの孫デートレフ・F・ヴァクツ（ハーバード大学名誉教授・国際法）を2013年、病床に訪ねたとき、ヴァクツ夫人から私は「ビーアドも偉いけど、妻のメアリーも偉いのよ」と言われた。メアリーはビーアド訪日に2回とも同行している。当時の日本の新聞は、アメリカにおける婦人参政権運動など、米国婦人の政治的地位向上に「手柄のあった婦人」と報道している。

上村千賀子氏らの研究によればメアリーは日本の女性運動の先駆者に大きな影響を与えた。アメリカ占領軍司令部のエセル・ウィード（市川房枝とも交流があった）との女性の地位向上を論じる数十通の往復書簡も残っている。ビーアド夫妻は女性がアメリカの政治社会改革運動に果たしてきた役割の大きさを強調している。女性の力が発揮されて新しい都議会が東京都独自政策の創造と実行に寄与することを期待したい。

これからの都政改革

世の中はどんどん変わっていくから、都政にも常に変革が求められる。変革のためには破壊が必要だ。古いものや旧来のやり方を破壊するところから創造が始まる。私は13年以上前、都庁を辞めていったん作家生活に入ってから社会人のための公共政策大学院の創設に参加したとき、政策創造研究という科目を自分のメインのカリキュラムとしてつくった。政策形成では生ぬるい、政策は新たにつくるものだという考えからである。

新たに政策をつくるためには、従来の通説や多数説を否定し、少数派もしくは異端の立場に立って既成の権力構造や物事を批判的に見て、白紙に絵を描いていくのが効果的である。通説や多数説にはそれなりの合理性や安定性があるので、これを否定するためには状況をきちんと調べ、思考を凝縮して論理構成や主張の表現方法も工夫しなければならない。世の中の変化は激しいし人々の価値観も変わっていくから通説や多数説も必ず陳腐化する。権力は長期化、いや、中期化によって必ず腐敗する。アメリカの大統領3選禁止規定は、フランクリン・ルーズベルトがアメリカを大恐慌から立ち直らせ、生活保護など社会保障制度をつくり日本との戦争を勝利の方向に導いた偉大な大統領だがそれでも3選後には問題があった（チャールズ・ビーアド『ルーズベルトの責任』藤原書店）ことを反省してできた。

自分の生活実感や仕事実感からして、従来のやり方がどうもおかしいという直感があったら、その直感はたいてい当たっている。通説や多数説を否定するところから見えてくるものはたくさんある。私は大久保利通、山県有朋、児玉源太郎など近代日本をつくった人の伝記を書きたくて自由な身分を確保した。必ずしも人気者でない人に光を当てると歴史観が広がり、深まる。

都庁を辞めただけでも見えてくるものがある。私が最初に気がついたのは、サラリーマン時代には暦をめくると給料が入ってくるが、自営業者になってからは、暦をめくると事務所賃料や航空券代など経費が出ていくことだ。

政策を創造するための破壊とは、思考において骨惜しみしないことである。破壊とは、決して価値ある歴史を力任せに破壊することではない。破壊とは新しい目標に向けて方向を変えることである。策定中の、小池都政の実行プランには、従来の延長線上にはない、新しい目標設定と新しい進路の明示が求められている。小池都政の誕生自体が時代の変化の表象であるからだ。

私たちの世代は都庁に入ったころ、すなわち1960年代は美濃部都政が誕生し市民参加を標榜し、行政の責任との関係をめぐって議論が盛んだった。大切なのは、民主主義における選挙そして議会の審議を通じた意思決定のプロセス（過程）を重視するということである。

1980年代から経済の行き詰まりを強く意識したアメリカではレーガノミックス、イギリスではサッチャリズムによる小さな政府論が力をもち、NPM(ニューパブリックマネジメント)による市場原理主義が政治・行政の世界を席巻した。

NPMは市場原理を至上のこととして、小さな政府を唱え、結果重視(アウトプットでなくアウトカム)、公認会計士による外部からの政策効果評価の重視を強調した。日本では2000年以降、英米両国より20年ほど遅れて、いわゆる小泉構造改革による小さな政府政策を推進したが、自治体の世界では、NPMではうまく行かないという危機感が強く公的ガバナンス論が台頭した。

コーポレートガバナンスは社外取締役の設置を求めるなど資本出資者からの経営監視を強めようとするが公的ガバナンス論は株式会社では対応できない問題が社会にはたくさんあるという問題意識に立ち、公益活動分野を中心的に担う自治体・地域・協同組合・社会福祉法人・社会企業・NPO等非営利組織の活躍を重視する。

公的ガバナンス論は結果重視でなく過程重視という民主主義である。ガバナンスの原理を統治でなく協治と書く。市民との協働という概念は以上の流れで普及してきた。豊洲市場の建物地下に空洞があった問題では、空洞設置が結果的に合理的であるかも知れないが、公的ガバナンス論の考え方からは、市場長に判断を仰ぎ、技術会議にかける、あるいは専門家会議を再設置するという民主主義的なプロセスが重視される。

私たちのように市民参加論で育ち、市場原理主義と対抗してきた世代の感覚から見ると、今の現役世代がＮＰＭによる結果重視主義に偏りすぎていないか気になるところである。

都政改革本部についても同様のことがいえる。知事は選挙で選ばれてきたから権限と責任に正統性がある。知事の私的諮問機関メンバーは知事に助言する立場である。後藤新平が東京市長になったとき、美濃部達吉など数十人の知識人を非常勤で任命し、職員と大いに議論させた。職員と忌憚のない議論をすることが都政の改革につながる。本当の改革とは、短期的な結果を出すだけでなく都庁の体質を変えることである。ここでも結果重視主義でなく過程を重視することが求められると思う。

小池都政と都庁職員の今後

石原都政の章で触れたように、羽田空港の4本目の滑走路建設と国際化を巡って、石原知事が記者会見で「青山副知事が勝手なことをやっている」と発言したことがある。知事に細大漏らさず報告していなかったことについては私に非があったのだが政策自体はその後、私たち実務部隊が描いたストーリー通りで展開したのだった。

私が書いた『痛恨の江戸東京史』の第1章は主君による太田道灌暗殺である。上杉家の家宰として道灌は関東を平定するが、主君である上杉定正は側近の讒言もあって道灌の広い交友関係を疑う。道灌は「釈明は主君の不明を前提とすることになり、できない」と一切釈明せず、伊勢原の居館に呼び出され斬殺される。

小池知事は職員に対する暴言等もなく知事に求められる公務に誠実に取り組んでいる。今後も、職員の積極果敢な対外的行動を促進し、都政に対する関係者の理解を深めるよう努力を惜しまない風土をさらに醸成してほしい。私は計画部長のとき、当時の植野副知事（青島知事時代）から「国会議員の実力者は都政の困難な状況がわかっていない。都庁の幹部は永田町に出向いて積極的に説明したほうがいい。区市町村長に対しても都議会各会派に対しても同様だ」と指示されたことがある。財源獲得、鉄道新線建設、土地収用法改正、首都移転阻止等、諸制度や料金の改定等、対外的総力戦の成果は枚挙に暇がない。

福祉や教育の分野をはじめ国の政策が硬直化し時代の変化や東京の実態に対応していない今日、対外的な働きかけにより懸案を解決していく活力が横溢した都庁であってほしい。統制型でなく民主型、ニューパブリックマネジメントによる市場原理至上主義でなく公共政策重視型の都政が求められていると思う。

知事の国政政党失速

2017年9月、安倍晋三首相の解散表明会見の直前、小池知事は新党・希望の党結成と代表就任を表明した。民進党の前原誠司前代表は同党の両院議員総会で「希望の党に公認申請をすれば、排除されない」という説明をし、民進解体・希望合流を提案し満場一致で了承された。

小池知事は記者会見でこのことについて問われ「排除されないということはございませんで、排除いたします。取捨というか、絞らせていただきます。それは、安全保障、そして憲法観といった根幹の部分で一致していることが政党としての、政党を構成する構成員としての必要最低限のことではないかと思っておりますので、それまでの考えであったり、そういったことも踏まえながら判断をしたいと思います」と答えた。

小池知事の発言は国政政党としては当然のことで、おかしいのは前原代表の発言のほうなのだが、メディアは小池知事の発言を批判した。時期的に、それまで1年余り、破竹の勢いの小池知事をずっと持ち上げてきたメディアのバランス感覚からしてどこかで落とそうという気持ちが横溢していたのでこれを叩くことにしたという印象だったがこれで希望の党は失速した。

結果として小池知事はそれ以来都政に専念することになり都政はそれなりに安定時代を迎えることになった。2020年の都知事選挙では東京の自民党が独自の候補を立てるとして、第3の候補に強力な人が名乗りを上げると三つ巴の争いとなる。小池知事にとっては最初の1年の疾風怒濤とその後の3年の堅実な都政が合わせて評価されることになる。その後1年すると都議選があり、自民党が第1党を回復するか、都民ファーストがどれだけ踏みとどまるかが注目される。今は一見静かに見える都政だが波乱含みではあり目が離せないだろう。

2019年12月、小池知事は「未来の東京」戦略ビジョンを発表した。ビジョンの内容は都民に支持されうるものだと思うが、それを実現していく手腕こそ都知事に求められるものである。

おわりに

3年以上前に時事通信社出版局の松永努社長（当時）から「書きませんか」と依頼があったときの趣旨は、東京都のように政治的色彩の強い知事職が交代したとき、私たち自治体職員がどう対応すべきか、体験談を書いてほしいということだった。

興味があったので引き受けたが、結果的には都庁職員の立場から書いた知事列伝という形になった。政治家である自治体の首長に対する職員の対処法としては、まず首長がどういう立場でどういう考え方をしているか本質的部分を理解するところから出発すべきなのだから、結果としては注文に応えたことになるのかとも思う。

自治体職員がもっている忠誠心は、市民に対する忠誠心であって首長個人に対する忠誠心ではない。同時に、現に目の前にいる首長は市民が選挙で選んだ首長でありその首長が民意の反映である。

その微妙な、しかし明解な距離感を互いに理解するのが出発点である。政治家である首長が職員に個人的な忠誠心を求めると自治体の政治・行政自体に歪みが発生する。国は議院内閣制だが自治体は二元代表制であり首長と議会には相互の緊張関係が憲法上の制度とされている。自治体職員にとっては自治体議会も民意である。首長はこの点を誤解してはならない。

私が都庁に入ったのは1967年、職員としての採用辞令を頂いたのは東龍太郎知事からである。以来、幸いなことに歴代の知事に身近に仕えることができた。その体験を語ることがこれからそういう立場になる自治体職員の皆さんにとって少しでも参考になればと思う。

一字一句すべて自分の言葉で書いたが、各紙誌に発表した論と重複している部分があることも確かである。この点について関係者のお許しをいただきたい。

書き上げるのを辛抱強く待って頂いた担当の永田一周氏に心から謝意を表したい。

2020年1月　青山　佾

参考資料

東京百年史編集委員会『東京百年史』第一巻〜第六巻（1972年、東京都）
東京都都市整備局『東京の都市づくりのあゆみ』（2019年、東京都）
東京都都市づくり通史編さん委員会『東京の都市づくり通史』（2019年、東京都都市づくり公社）
塚田博康『東京都の肖像―歴代知事は何を残したか』（2002年、都政新報社）
安井誠一郎『私の履歴書』（1958年、日本経済新聞社）
安井誠一郎『東京私記』（1960年、都政人協会）
馬島僩『安井誠一郎小伝』（1962年、大学書房）
安井誠一郎氏記念像建設委員会『安井誠一郎伝』（1967年）
石川栄耀博士生誕百年記念事業実行委員会『石川栄耀都市計画論集』（1993年、日本都市計画学会）
東龍太郎『スポーツと共に』（1953年、旺文社）
東龍太郎『オリンピック』（1962年、わせだ書房）
東京都企画調整局『これからの東京――二十年後の展望――』（1967年）
山田正男『時の流れ・都市の流れ』（都市研究所、1973年）
大塚英雄『副知事人事の裏事情』（2019年、都政新報社）

東京都政策室『低成長社会と都政』（1968年）
美濃部亮吉『都知事12年』（1979、朝日新聞社）
太田久行『美濃部都政12年・政策室長のメモ』（毎日新聞社、1979年）
鈴木俊一『回想・地方自治五十年』（ぎょうせい、1997年）
鈴木俊一『官を生きる』（都市出版、1999年）
青島幸男『ドーンと都政じわじわ革命』（ぎょうせい、1998年）
東京都企画審議室計画部『とうきょうプラン95』（1995年）
東京都政策報道室計画部『生活都市東京構想』（1997年）
自治体計画研究会『Q&Aで読むとうきょうプラン』（1996年、公職研）
東京都知事本部『都庁改革アクションプラン』（2000年）
東京都総務局総合防災部『三宅島噴火災害誌』（2007年）
柿沼伸二『前期昭和人の日記』（2015年、文藝春秋）
公益財団法人市川房枝記念女性と政治センター『全地方議会女性議員の現状』（2015年）
山極清子『女性活躍の推進』（2016年、経団連出版）
上村千賀子『メアリ・ビーアドと女性史』（2019年、藤原書店）
チャールズ・ビーアド『ルーズベルトの責任』（2011年、藤原書店、開米潤・阿部直哉・丸茂恭子訳）

【著者紹介】

青山 佾（あおやま やすし）

明治大学名誉教授、元東京都副知事。1943年生まれ。1967年東京都庁経済局に入る。中央市場・目黒区・政策室・衛生局・都立短大・都市計画局・生活文化局等を経て、高齢福祉部長、計画部長、政策報道室理事等を歴任。1999年から2003年まで石原慎太郎知事のもとで東京都副知事（危機管理、防災、都市構造、財政等を担当）。専門は自治体政策・都市政策・危機管理・日本史人物伝。

東京都知事列伝《とうきょうとちじれつでん》

巨大自治体《きょだいじちたい》**のトップは、何**《なに》**を創**《つく》**り、壊**《こわ》**してきたのか**

2020年3月15日　初版発行

著　者：青山 佾

発行者：武部 隆

発行所：株式会社時事通信出版局

発　売：株式会社時事通信社

〒104-8178　東京都中央区銀座5-15-8

電話03（5565）2155　https://bookpub.jiji.com/

印刷／製本　中央精版印刷株式会社

©2020AOYAMA, Yasushi

ISBN978-4-7887-1699-5　C0031 Printed in Japan

落丁・乱丁はお取り替えいたします。定価はカバーに表示してあります。